Die Frage der Verfügungsgeschäfte zu fremdem Recht

Von

Heinrich Siber

Aus der Festgabe der Leipziger Juristenfakultät für Rudolph Sohm

München ▫ Verlag von Duncker & Humblot ▫ Leipzig
1915

Die Frage der Verfügungsgeschäfte zu fremdem Recht.

Von

Heinrich Siber.

§ 1.
Die Fragestellung.

Die Verträge zugunsten Dritter wurden stets im Schuldrecht behandelt, und wenn auch früher zuweilen beiläufig bemerkt wurde, daß ihrer Ausdehnung auf Sachenrecht nichts entgegenstehe[1], so war das im Grunde nur eine Aufforderung, die Fragestellung nötigenfalls zu erweitern. Auch die Lehre vom Vertragsschluß im allgemeinen war erst sehr allmählich über das Schuldrecht hinausgewachsen, und die Erkenntnis, daß der Vertrag auf anderen Privatrechtsgebieten ebenso heimisch ist, legte den Gedanken nahe, daß es mit der besonderen Gruppe der Verträge zu fremdem Recht[2] die gleiche Bewandtnis haben könne, weil nach dem damaligen Stande der Lehre ein notwendiger Zusammenhang mit dem Schuldrecht nicht zu erkennen war. Gleichwohl hat das BGB.

---

* Die unten Anm. 1 genannten Schriften und die Kommentare zum BGB. sind nur mit den Namen der Verfasser zitiert. Paragraphenzahlen ohne Zusatz beziehen sich auf das BGB.

[1] Unger, Jherings J. 10 (1871) 61 Anm. 79a; vgl. auch Garcis, Verträge zugunsten Dritter (1873) 200 f. Für das BGB. ist eine auf Sachenrecht zu erstreckende allgemeine Kategorie des Vertragsschlusses zu fremden Gunsten angenommen worden von Strohal, Jherings J. 38 (1898) 86 ff., der aber diese Ansicht nach mündlicher Mitteilung seit längerem aufgegeben hat; Bruns, Besitzerwerb durch Interessenvertreter (1910) 116 ff.; Rosenberg, DJZ. 1912, 541 ff.; neuestens auch Biermann³ 5 Vorbem. 5 b e zu Buch III. Nur für die Erstreckung auf den Besitzerwerb gemäß § 854 Abs. 2 F. Leonhard, Vertretung beim Fahrniserwerb (1899) 58; nur für Rechte auf Leistung aus einem Grundstück Enneccerus, Schuldverhältnisse § 259 Anm. 1; Wolff, Sachenrecht § 38 II 3, dieser auch für das dingliche Vorkaufsrecht. Dagegen Hellwig, Verträge auf Leistung an Dritte (1899) 53 f. und herrsch. Mg.

[2] So werden im folgenden Verträge bezeichnet, aus denen ein Dritter unmittelbar ein Recht oder die Befreiung von einem solchen erwerben soll; die von Hellwig 43 sogenannten „berechtigenden Verträge auf Leistung an Dritte" sind danach kürzer „Schuldverträge zu fremdem Recht".

zwar den Vertragsschluß in die allgemeinen Lehren verwiesen, den Verträgen zugunsten Dritter aber nicht nur ihren Platz im Schuldrecht belassen, sondern überdies durch die Bezeichnung als Verträge „auf Leistung" an Dritte schon dem Namen nach eine spezifisch schuldrechtliche Prägung gegeben. Wenn aber die herrschende Meinung im Einklange hiermit eine Ausdehnung über das Schuldrecht hinaus ablehnt, so stützt sie sich nicht nur, wie ihr vorgeworfen worden ist[1], auf den Gesetzesbuchstaben, sondern auch auf eine fortgeschrittene Erkenntnis vom Wesen der Sache, und wenn insbesondere Hellwig[2] bemerkt hat, daß nach dem unzweideutigen Wortlaute der §§ 328 ff. BGB. wohl ein Rückfall in die Lehre von dinglichen Verträgen zugunsten Dritter ausgeschlossen sei, so hat er nur darauf hingewiesen, daß die von ihm schon vorher aus sachlichen Gründen gewonnenen Ergebnisse auch durch den Gesetzeswortlaut bestätigt werden. Das ist alles andere als Buchstabenauslegung, und wer es heute noch unternehmen will, diesen Rückfall zu rechtfertigen, der darf nicht mehr die Randbemerkung aus älteren Schriften wiederholen: es sei nicht einzusehen, was der Ausdehnung auf Sachenrecht entgegenstehe[3].

1. Im Grunde hat erst eine von Zimmermann[4] angebahnte, von Hellwig im wesentlichen abgeschlossene Erkenntnis der Unterscheidung „im eigenen" und „im fremden Namen" auch für Verträge zugunsten Dritter einen greifbaren Inhalt gegeben. Es sieht wie ein zweifacher Name für ein und dasselbe Ding aus, wenn man einerseits das Wesen des Handelns „im fremden Namen" darin findet, daß die Wirkungen in der Person des Dritten eintreten sollen, anderseits aber die Verträge zugunsten Dritter, bei denen dies ebenso zu stehen scheint, damit von der Stellvertretung unterscheiden zu können glaubt, daß sie „im eigenen Namen" geschlossen werden[5]. Eine Beruhigung bei dem Glauben

---

[1] Von Rosenberg 543.
[2] 53 f.
[3] Gegen Bruns 121; Rosenberg 542.
[4] Die Lehre von der stellvertretenden negotiorum gestio 1876.
[5] So auch Schweizerisches Obligationenrecht Art. 112.

§ 1. Die Fragestellung.

an diese Worte ist hier wenig angebracht, und wenn man auch zwischen beiden Gestaltungen eine „große Ähnlichkeit"[1] finden kann, so steht doch bei Fragen der entsprechenden Ausdehnung die Aufgabe im Vordergrund, einen nicht nur bei Verpflichtungsgeschäften durchgreifenden Unterschied aufzudecken[2]. Soll sich bei dem Vertragsschluß „im eigenen Namen", durch den doch ein Dritter berechtigt wird, auch etwas denken lassen, so müßte entweder das Wesen der Stellvertretung unabhängig von den Vertragswirkungen bestimmt, oder es müßte dargelegt werden, daß diese in beiden Fällen verschieden sind. Es ist nicht immer zu erkennen, ob man den ersten Weg einschlagen will, wenn man bei der Begriffsbestimmung von den Vertragswirkungen schweigt und etwa den Gegner beim Vertragsschluß zu fremdem Recht als „Vermittler und Wohltäter", den Stellvertreter als „Willensorgan und Kontraktsinstrument" bezeichnet[3]. Dieser Weg wäre insofern der rechte, als sich jedenfalls das Unterscheidungsmerkmal nur aus dem Vertragstatbestande selbst und nicht aus seinen Rechtsfolgen ergeben kann[4]. Darum muß bei der Begriffsbestimmung von den **rechtlich sanktionierten** Vertragswirkungen als solchen allerdings abgesehen werden, und es müßten sich Verträge zu fremdem Recht von solchen in fremdem Namen grundsätzlich auch dann unterscheiden lassen, wenn die Rechtsordnung beiden absolut gleiche Wirkungen beilegen wollte. Völlig gegenstandslos würde aber die Unterscheidung, wenn man auch von den „**gewollten**" oder „**erklärungsgemäßen**"[5] Vertragswirkungen absieht. Diese sind nicht Folgen, sondern Elemente des Tatbestandes und als solche nicht davon abhängig, ob ihnen die gesetzliche Sanktion er-

---

[1] Bruns 118 f., 123 ff., der 116 Anm. 1 eine Stellungnahme zu dem Unterscheidungsmerkmal ganz vermeidet.
[2] Vgl. Schloßmann, Die Lehre von der Stellvertretung I 57, 63 f.; Binder, KritVJSchr. 1905, 357 f.
[3] Unger 61; s. die Literaturübersicht bei Schloßmann a. a. O. 59 ff.
[4] Vgl. Binder a. a. O. 357.
[5] Einschließlich solcher, die nach auslegenden oder ergänzenden Vorschriften als gewollt oder erklärt zu gelten haben.

teilt oder versagt ist. Sie gestatten auch die Unterscheidung von Tatbeständen, deren Wirkungen durch die Rechtsordnung völlig ausgeglichen sind, so zwischen dem Schenkversprechen von Todeswegen und dem Vermächtnis (§ 2301 Abs. 1), dem Schuldversprechen und dem Schuldanerkenntnis (§§ 780, 781). Sie könnten darum auch einen begrifflichen Unterschied zwischen dem Vertragsschluß zu fremdem Recht und der Stellvertretung selbst dann ergeben, wenn eine Rechtsordnung im Interesse der Einfachheit vorschreiben wollte, daß der erstere nach den Vorschriften über die letztere zu beurteilen, daß eine den Stellvertretungsgrundsätzen widersprechende Parteierklärung zu streichen, eine ihnen entsprechende Wirkung ohne Rücksicht auf den Parteiwillen hinzuzufügen sei. Die Unterscheidung nach den Vertragswirkungen in diesem Sinne führt deshalb nicht in einen Zirkel, sondern vielmehr auf den allein gangbaren Weg: Wenn die **erklärungsgemäßen Wirkungen** — zu denen die gesetzlichen Notwirkungen des § 179 nicht gehören — **ausnahmslos in der Person des Dritten eintreten sollen** oder auch wegen ihrer ausschließlichen Beziehung zu einem bestimmten Dritten nur in seiner Person eintreten **können**, so ist ein Vertrag im eigenen Namen undenkbar; — es ergibt sich auch nicht ein Indifferenzpunkt, an dem Verträge zugunsten Dritter und Stellvertretung nicht zu unterscheiden und deshalb unter einen beide umfassenden Oberbegriff zu stellen wären —; sondern es kann sich nur um Stellvertretung handeln[1], und es sind alle Vorschriften über die Stellvertretung und keinerlei Vorschriften über Verträge zugunsten Dritter anzuwenden. Insbesondere kann der Dritte, der dem Vertragsschluß nicht im voraus zugestimmt hat, ein vertragliches Recht erst gemäß § 177 mit der nachträglichen Genehmigung und nicht gemäß §§ 328, 333 sofort vorbehältlich der Ausschlagung erwerben. Das Gesetz gibt dem unermächtigten Vertreter nicht die Wahl, ob er dem Vertretenen — untechnisch gesagt — unter der aufschiebenden Bedingung nach-

---

[1] Lenel, Jherings J. 36, 6, 10 f.; Schloßmann a. a. O. II 71 f.

träglicher Genehmigung oder unter der auflösenden nachträglicher Ausschlagung ein Recht verschaffen will, sondern es beschränkt ihn auf die erstere Möglichkeit. Ein auf die zweite gerichteter Wille des Vertreters scheitert an dem Widerspruch mit zwingendem Recht, — auch dann, wenn jener das Stellvertretungsverhältnis zu verschleiern sucht und im eigenen Namen zu handeln vorgibt. Die Anwendung der §§ 328, 333 ist bei Schuldverträgen nicht durch den Gebrauch der Zauberworte „im eigenen Namen" bedingt, sondern durch das Vorliegen eines **inhaltlich auf Leistung an einen Dritten gerichteten Vertrages**; ein solcher setzt zum Unterschied von der Stellvertretung voraus, daß die er**klärungsgemäßen Vertragswirkungen als ganzes den Vertragsgegner (Versprechensempfänger) selbst in seinem Verhältnis zum Schuldner (Deckungsverhältnis) treffen** sollen, daß aber ein vertraglicher Anspruch nebst seinen etwaigen Zubehörungen[1] **als einzelner einem Dritten zustehen soll**[2] (Außenverhältnis).

2. Eine Parallelerscheinung bei **dinglichen Verträgen** setzt deshalb voraus, daß sich von der für einen Dritten eintretenden Erwerbswirkung noch weitere Vertragswirkungen unterscheiden lassen und daß solche anstatt in der Person des Erwerbers auch in der eines von ihm verschiedenen Vertragsgegners eintreten können, der die dingliche Verfügung annimmt. Die Frage kann aber von vornherein weiter gestellt werden; sie beschränkt sich nicht auf dingliche Verträge, sondern ist für die Forderungsabtretung, den Schulderlaß und für alle sonstigen vertragsmäßigen „eigentlichen Verfügungsgeschäfte" — ein Sohm[3] zu dankender Begriff — ebenso aufzuwerfen und meist auch ebenso zu beantworten. Dabei ist nur zu beachten, daß Verfügung „durch

---

[1] Vgl. Planck-Siber II⁴ 410 Vorbem. I 1.
[2] Zimmermann a. a. O. 84 f.; Hellwig 49 und weitere Literatur bei Planck-Siber a. a. O.; a. M. Schloßmann a. a. O. I 63 f., der den Unterschied gleichfalls in den erklärungsgemäßen Wirkungen, aber im Valutaverhältnis zwischen dem Vertragsgegner und dem Dritten sucht.
[3] Der Gegenstand (1905) 9 f.; vgl. Bruns 140 f.

Vertrag" sprachlich ebenso ungenau ist, wie Anfechtung „eines Vertrages" wegen Irrtums: ein Vertrag besteht aus Erklärungen beider Teile, und wie nicht der Vertrag, sondern nur die eigene Erklärung des Irrenden der Anfechtung unterliegt, so kann auch niemand durch den Vertrag — d. h. durch seine Erklärung und durch die des Gegners — verfügen, sondern es ist nur die Erklärung des einen Teiles eine Verfügung[1], die des anderen eine Verfügungsannahme. Man kann deshalb, streng genommen, nur von einer Verfügung zu fremden Lasten und von einer Verfügungsannahme zu fremden Gunsten sprechen. Doch braucht diese Ungenauigkeit nur im voraus festgestellt zu werden, um unschädlich zu sein; dann besteht kein Grund, den bequemen Ausdruck „Verfügung zu fremden Gunsten" oder „zu fremdem Recht" zu vermeiden.

3. Eine andere Bewandtnis muß es haben, wenn man bei gewissen einseitigen Verfügungsgeschäften die Stellvertretung bezweifelt, obwohl die Wirkungen ihrem Inhalte nach anscheinend gar nicht in der Person des zum Erklärungsempfange oder zur Erklärung Legitimierten, sondern nur in der eines Dritten eintreten können[2]: Bei dem Passivakt der Entgegennahme eines einseitigen Verfügungsgeschäftes gibt es eine Stellvertretung (§ 164 Abs. 3), aber auch eine gesetzliche Legitimation von Personen, deren Rechtsverhältnisse durch die Verfügung gar nicht oder höchstens mittelst einer Reflexwirkung betroffen werden; so kann der Verzicht auf ein Fahrnispfandrecht auch gegenüber dem Verpfänder erklärt werden, der nicht Eigentümer der Pfandsache ist (§ 1255 Abs. 1). Ebenso ist bei verfügenden Gestaltungsgeschäften[3] auf der Aktivseite regelmäßig eine Stellvertretung zulässig; bisweilen aber ist dazu kraft Gesetzes eine Person legitimiert, die anscheinend durch die Rechtsgestaltung gar nicht oder nur reflexweise berührt wird; so kann der Mann gemäß

---

[1] Sohm a. a. O. 9; Siber, Das Buchrechtsgeschäft 28 Anm. 4.
[2] Vgl. auch Binder, KritVJSchr. 05, 389.
[3] Sohm a. a. O. 11 ff.

§ 1358 einen Dienstvertrag der Frau kündigen, gemäß § 1376 Ziff. 2 deren eingebrachte Forderung aufrechnen. In solchen Fällen scheint es geboten, die Entgegennahme oder Abgabe der Erklärung als solche im fremden Namen aus einer gesetzlichen Vertretungsmacht für einzelne Rechtsgeschäftsgruppen zu erklären, wie sie sich auch in § 1357 Abs. 1 bei der Schlüsselgewalt der Frau findet; denn daß z. B. durch Aufrechnung gemäß § 1376 Ziff. 2 die eingebrachte Forderung dem Nutznießungs= und Verwaltungsrecht des Mannes entzogen wird, ist eine bloße Reflexwirkung ihres Erlöschens, die nicht zu der Anschauung berechtigt, daß die Aufrechnungswirkung im ganzen den Mann und nur als Einzelwirkung der beiderseitigen Schuldtilgung die Frau treffe. Will man deshalb annehmen, daß der Mann gleichwohl „im eigenen Namen" aufrechne[1], so läßt sich das doch wenigstens nicht aus einem Auseinanderfallen der Aufrechnungswirkung auf Mann und Frau erklären, sondern nur aus Gesichtspunkten, die mit der Unterscheidung zwischen Verfügungen im fremden Namen und zu fremdem Recht nichts zu tun haben[2], etwa daraus, daß dem verwaltungsberechtigten Mann eine treuhänderähnliche Parteistellung beizulegen wäre und daß demgemäß alle das eingebrachte Gut treffenden Wirkungen als in seiner Person eintretend zu gelten hätten[3].

Ebenso scheiden als nicht parallel auch solche Fälle aus, in denen kraft der Vorschriften über den Schutz der Unwissenheit oder des guten Glaubens die rechtsgestaltende Erklärung eines Nichtberechtigten oder an ihn wirksam ist und infolgedessen auch dem Berechtigten zugute kommt[4]; denn das bedeutet nur eine Zweischneidigkeit der zugunsten eines anderen, also zu Lasten des Berechtigten bestimmten Schutzwirkung.

---

[1] Hellwig, Anspruch und Klagerecht 299 Anm. 5: Cosack, Bürgerliches Recht II⁶ 564 § 322 Anm. 4; dagegen v. Tuhr, Allgemeiner Teil I 66 § 2 Anm. 6.

[2] Vgl. auch Binder, KritVJSchr. 05, 389.

[3] Vgl. Hellwig, Lehrbuch des deutschen Zivilprozeßrechts I 323f. Anm. 23a mit Zitaten; s. auch unten S. 39 ff.

[4] Sohm a. a. O. 13 Anm. 16, 14 Anm. 19.

§ 2.
Die Frage der konstruktiven Möglichkeit.

I. **Verträge zu fremdem Recht oder zu fremden Lasten** sind im eigenen Namen geschlossen, wenn ihre Wirkung im ganzen zwischen den Vertragschließenden selbst eintreten, eine einzelne berechtigende oder belastende Wirkung aber den Dritten treffen soll.

1. Den einzigen ganz unstreitigen Fall bildet der Schuldvertrag zu fremdem Recht.

2. Eine dingliche Verfügung zu fremden Lasten ist die Veräußerung einer fremden Sache mit Zustimmung des Eigentümers gemäß § 185. Sie geschieht im eigenen Namen, — sonst wäre die Vorschrift neben den §§ 164 Abs. 1, 177, vgl. § 166 Abs. 2 ganz überflüssig und irreführend; nur läßt sich für die „offene" Verfügung über fremdes Recht, bei der sich der Verfügende dem Gegner als nicht berechtigt zu erkennen gibt, bezweifeln, ob sie ausschließlich gemäß §§ 164 ff. im fremden[1] oder auch gemäß § 185 im eigenen Namen geschehen kann. Nimmt man mit der herrschenden Meinung das letztere an, so ergibt sich eine dem Schuldvertrage zu fremdem Recht verwandte Erscheinung, nur daß in Ermangelung einer Einwilligung die den Dritten belastende Wirkung — ebenso wie nach § 177 bei der Stellvertretung — bis zu seiner Genehmigung aufgeschoben ist und nicht sofort vorbehältlich einer nachträglichen Ablehnung (vgl. § 333) eintritt.

3. Keine gesetzliche Grundlage hat der neuerdings aufgetauchte Schuldvertrag zu fremden Lasten, der den zustimmenden Dritten unmittelbar verpflichten soll[2]. Er läge vor, wenn jemand

---

[1] Lenel, Jherings J. 36, 12 f.; vgl. v. Tuhr, Die unwiderrufliche Vollmacht, aus Festschrift für Laband 67 Anm. 4; Strohal, Jherings J. 57 422 f.; anders herrsch. Mg., u. a. M. Rümelin, ArchZivPrax. 93, 153 f.; Bruns 112 mit weiterer Literatur.

[2] Vgl. dazu Planck-Siber II⁴ 417 Vorbem. V 2 zu §§ 328 ff. Früher nannte man so einen Vertrag, durch den man sich selbst zur Beschaffung der Leistung eines Dritten verpflichtet, der also den Dritten gar nicht belastet; so noch Schweizerisches Obligationenrecht Art. 111.

§ 2. Die Frage der konstruktiven Möglichkeit.

eine fremde Sache mit Zustimmung des Eigentümers in der Weise verkaufen könnte, daß er selbst den Preis zu fordern hätte, daß aber der Dritte neben ihm zur Leistung der Sache verpflichtet würde, — ähnlich wie bei einem Schuldvertrage zu fremden Gunsten nach § 335 der Dritte neben dem Vertragsgegner anspruchsberechtigt werden kann. Auch hier wäre die den Dritten belastende Wirkung, wenn dieser nicht im voraus eingewilligt hat, bis zu seiner Genehmigung aufgeschoben.

4. Ebensowenig ergibt das Gesetz im allgemeinen über **Verfügungen zu fremdem Recht**. Als solche werden zwar die sich außerhalb des Sachenrechtes findenden **Äquivalentverfügungen**[1] anzusehen sein. So die Intervention durch Zahlung einer fremden Schuld gemäß § 267[2] oder durch Schuldübernahme gemäß § 414: Der Gläubiger verfügt über seine Forderung oder Urforderung, indem er die Intervention annimmt, und der Intervenient nimmt diese nur einem Dritten — dem dadurch befreiten Schuldner — zugute kommende Verfügung des Gläubigers an, indem er im eigenen Namen zahlt oder eine eigene Schuld eingeht. Die Verfügung des Gläubigers ist aber in ihrer Wirksamkeit von einer gültigen Zahlung oder einem gültigen Sichverpflichten des Intervenienten abhängig, weshalb sie nur im untrennbaren Zusammenhange mit der Interzession und nicht auch für sich allein erklärt und angenommen werden kann. Das ist eine Parallelerscheinung zu dem Schuldvertrag zu fremdem Recht, sofern die Wirkungen den Intervenienten belasten und dem befreiten Schuldner ohne seine Zustimmung zugute kommen, jedoch anders als nach § 333 nicht nur vorläufig, sondern endgültig. Äquivalentverfügungen gestatten jedoch keinen Schluß auf **reine Verfügungen**, die nach dem BGB. weitaus die Regel bilden. Die Möglichkeit, auch solche zu fremdem Recht

---

[1] Strohal, DJZ. 09, 1035; Jherings J. 57, 243 f.; f. auch unten S. 41.

[2] A. M. Schloßmann a. a. O. II 71 f.; weitere Literatur bei Planck-Siber II 145 § 267 5.

abzuschließen, könnte nur durch entsprechende Anwendung aus den Grundsätzen über abstrakte Schuldverträge zu fremdem Recht — allenfalls unter Zuhilfenahme der Vorschriften über reine Verfügungen zu fremden Lasten — hergeleitet werden.

II. Um für die Frage der Zulässigkeit reiner Verfügungen zu fremdem Recht eine Entscheidungsgrundlage zu gewinnen, bedarf es daher des Versuches, den beiden durch das Gesetz unmittelbar gesicherten Gruppen der Schuldverträge zu fremdem Recht und der Verfügungen zu fremden Lasten unbekümmert um die praktische Wahrscheinlichkeit bis zu der äußersten Grenze nachzugehen, an der ihre Unterscheidung von der Stellvertretung, also ein Auseinanderfallen der Vertragswirkungen im ganzen und im einzelnen auf verschiedene Personen, noch zu denken ist.

a) Man kann diese Grenze enger stecken wollen, indem man den Vertragsschluß isoliert, oder weiter, indem man ihn als Glied eines auch seinen Rechtsgrund umfassenden Tatbestandes betrachtet; das ist auch bei kausalen Schuldverträgen möglich, soweit sie auf einem entfernteren Rechtsgrunde beruhen, z. B. zum Zweck der Erfüllung eines Vorvertrages geschlossen worden sind.

b) Vom einen wie vom andern Standpunkt aus handelt es sich um die Wirkungen des als Vorgang gedachten gültigen Vertragsschlusses, nicht um die des zuständlich gedachten Vertragsverhältnisses, so daß z. B. zu den Wirkungen des Darlehns nicht nur die Begründung der Darlehnsschuld zählt, sondern auch die Übereignung der Darlehnssumme. Abzusehen ist dagegen von den Folgen eines unwirksamen Vertragsschlusses sowie von der Befugnis, einen wirksamen Vertrag anzufechten: die Schadensersatzpflicht des § 179 Abs. 2 trifft den Vertreter, obwohl er im fremden Namen gehandelt hat, und das Anfechtungsrecht hat — anders als das Rücktrittsrecht — nur die vertragliche Willenserklärung zum Gegenstand und nicht auch den Vertrag zur Grundlage. Wenn darum beim Vertragsschluß

§ 2. Die Frage der konstruktiven Möglichkeit.

ein Teil sich selbst die Anfechtung wegen Irrtums vorbehalten wollte, so kann das zwar ein Indiz dafür sein, daß er im eigenen Namen gehandelt hat; ergibt aber der sonstige Inhalt der Vereinbarung, daß alle vertraglichen Wirkungen in der Person eines Dritten eintreten sollten, so liegt gleichwohl Stellvertretung vor, und der Vorbehalt ist unwirksam, weil der Stellvertreter über das durch seine Erklärung für den Vertretenen geschaffene Rechtsverhältnis keine Macht mehr hat und deshalb seine Erklärung, wenn überhaupt, nur im Namen des Vertretenen anfechten kann[1].

c) Unabhängig von der engeren oder weiteren Grenzziehung sind ferner unter den Vertragswirkungen im ganzen nicht die bedeutsamsten oder die am häufigsten vorkommenden, sondern einfach alle Wirkungen zu verstehen, die nicht unter Abweichung von dem vertraglichen Regeltypus als einzelne in der Person des Dritten eintreten sollen. Wie der Satz des § 420 über die anteilige Verpflichtung mehrerer als Regel bestehen bleibt, obwohl er wegen der Ausnahmen in den §§ 427, 2058 nur ein sehr enges Anwendungsgebiet behält, und wie das Vermächtnis eine Einzelzuwendung ist, auch wenn der Nachlaß außerdem nur einigen Plunder enthält, so ist es auch möglich, daß die wichtigste, ja daß die regelmäßig allein eintretende Vertragswirkung als einzelne für den Dritten ausgenommen wird, und daß von den Wirkungen im ganzen, die den Vertragsgegner treffen, nur nebensächliche oder auch nur solche für regelwidrige Fälle übrig bleiben, die in den meisten konkreten Fällen überhaupt nicht tatsächlich eintreten. Nur bloße Reflexwirkungen müssen ganz außer Betracht bleiben[2].

1. Nach isolierter Betrachtung sind

a) Schuldverträge zu fremdem Recht konstruktiv stets denkbar. Das bedarf für gegenseitige und unwesentlich zweiseitige keines Beleges. Es ergibt sich für streng

---

[1] Vgl. Planck-Flad I⁴ 438 § 166 1a; Hölder 361 § 166 4; Oertmann I² 518 § 166 6.
[2] Vgl. oben S. 8.

einseitige Realverträge schon daraus, daß auch die Verfügungswirkung der dazu erforderlichen Leistung des Gläubigers an den Schuldner zu den Wirkungen des Vertragsschlusses gehört: wenn jemand die Darlehnssumme aus eigenen Mitteln leistet und Rückzahlung zu Rechten eines Dritten ausbedingt, so trifft gewiß der Eigentumsverlust an der Geldsumme ihn selbst, während der Rückforderungsanspruch dem Dritten zusteht; daß er dann im eigenen Namen gehandelt hat, ist zwar nicht notwendig, aber doch wahrscheinlich. Andere streng einseitige Verträge, die den Gläubiger gar nicht belasten, könnten überhaupt nicht im eigenen Namen zu fremdem Recht geschlossen werden[1], wenn sich die Wirkungen ihres Abschlusses notwendig in der Erzeugung eines einzigen Anspruches erschöpfen müßten. Die allmählich durchdringende Erkenntnis, daß das Schuldverhältnis als Quelle des Einzelanspruchs nicht mit diesem identisch sein kann[2], zwingt aber wohl zu dem Zugeständnis, daß es grundsätzlich überhaupt keine Schuldverträge gibt, die nicht im eigenen Namen zu fremdem Recht geschlossen werden könnten; denn ein Auseinanderfallen des Schuldverhältnisses und des einzigen daraus hervorgehenden Anspruches wird selbst dann nicht völlig undenkbar sein, wenn der Rechtsgrund eines abstrakten Schuldvertrages nicht im Deckungsverhältnis zwischen den Vertragschließenden, sondern im Außenverhältnis zwischen dem Schuldner und dem Dritten liegt. Wer freilich einverständlich fremdes Geld als Darlehn gibt und Rückzahlung zu Rechten des Eigentümers ausbedingt, oder wer ein Schuldversprechen auf Leistung an einen Dritten „erfüllungshalber" für eine Forderung dieses selben Dritten annimmt, der wird tatsächlich immer als Stellvertreter des Dritten handeln, denn auch die Möglichkeit, daß er sich selbst gemäß § 346 den Rücktritt vorbehält, dürfte ohne alle praktische Bedeutung sein. Wenn aber die Auslegung hier auch niemals einen

---

[1] So folgerichtig R. Leonhard, Die Anfechtbarkeit der Verträge für das Vermögen eines Dritten (1892) 28 f.

[2] Vgl. Planck-Siber II⁴ 3 f. Vorbm. I 1 mit Literatur.

§ 2. Die Frage der konstruktiven Möglichkeit. 15

Abschluß im eigenen Namen ergeben wird, so bleibt es doch angesichts der allgemeinen Fassung des § 328 vorsichtiger, die theoretische Möglichkeit eines solchen nicht grundsätzlich in Abrede zu stellen[1].

b) Dagegen dürfte heute eine Verfügung zu fremden Lasten bei isolierter Betrachtung auch konstruktiv meist nur als solche im fremden Namen denkbar sein. Äquivalentverfügungen[2] sind nur zugunsten, nicht zu Lasten Dritter nachgewiesen. Von reinen Verfügungen haben aber die meisten Typen neben der Verfügungswirkung, die im Verlust oder der Belastung eines Rechtes besteht[3], entweder gar keine oder doch nur solche weitergehende Wirkungen, die gleichfalls in der Person des Belasteten eintreten müssen und daher bloße Zubehörungen der Verfügungswirkung sind. Nimmt man auch an, daß bei Abtretung einer fremden Forderung und entsprechend einer fremden Grundschuld (§ 1192 vbb. m. § 1154 Abs. 1 Satz 2) die Verpflichtungen der §§ 402, 403 nicht, wie das Gesetz sagt, den „bisherigen Gläubiger", sondern den Zedenten treffen[4], und daß beim Erlaß einer fremden Forderung die wohl entsprechend § 371 anzunehmende Pflicht zur Rückgabe des Schuldscheins[5] in eine solche des Verfügenden zur Rückverschaffung von dem bisherigen Gläubiger umzudeuten sei, so dürften sich ähnliche Wirkungen doch gerade bei den meisten sachenrechtlichen Verfügungen nicht finden; denn auch die Gewährleistungspflichten für Rechts- und Sachmängel sind nicht mehr an die dingliche Verfügung angeknüpft, wie die römischen actiones auctoritatis und de modo agri an die mancipatio, sondern an das zugrundeliegende Kausalverhältnis. Es fehlt darum wenigstens den meisten Verfügungen

---

[1] S. unten S. 19.
[2] Oben S. 11.
[3] Vgl. Sohm, Der Gegenstand 9.
[4] So Wolff, Familienrecht § 48 I; doch ist auch das aufklärungsbedürftig; der bisherige Gläubiger ist vielleicht allein zur Auskunft imstande, und eine beglaubigte Erklärung des Zedenten nützt dem Zessionar nicht, wenn ihr nicht auch eine solche über die Zustimmung des bisherigen Gläubigers beigefügt wird.
[5] S. Planck-Siber II⁴ 493 § 371 1.

des Sachenrechtes eine Allgemeinwirkung, die sich von der Verfügungswirkung als einer einzelnen in gleicher Weise unterscheiden ließe, wie bei abstrakten Schuldverträgen das Schuldverhältnis von dem Einzelanspruch.

2. Die isolierte Betrachtung verbietet sich aber bei der Frage, ob ein Vertrag nur zu fremden Gunsten oder Lasten oder ob er in fremdem Namen geschlossen sei. Denn sie macht aus den nach der allgemeinen Fassung des § 328 zulässigen abstrakten Schuldverträgen zu fremdem Recht ein bloßes konstruktives Gespinst und aus der doch wohl dem § 185 entsprechenden Möglichkeit, über fremdes Recht auch offen im eigenen Namen zu verfügen, für die meisten Verfügungstypen sogar eine theoretische Unmöglichkeit. Sie ist auch weder im Einklange mit den Anschauungen des Lebens, noch juristisch dadurch geboten, daß gewisse Rechtsgeschäfte nun einmal im positiven Recht abstrakt gestaltet worden sind. Denn solche bleiben gleichwohl bloße „Elemente eines rechtlich verständlichen Tatbestandes" und bedürfen der Ergänzung durch eine kausale Beziehung, die sie erst „rechtlich verständlich macht"[1]. Ihre Wirkungen ergeben sich deshalb zwar in mancher, aber durchaus nicht in jeder Hinsicht[2] aus der

---

[1] Sohm, Der Gegenstand 10.

[2] Die isolierte Betrachtung liegt nach dem BGB. nur zugrunde,
α. sofern das abstrakte Rechtsgeschäft bei objektivem Mangel des übereinstimmend gewollten Rechtsgrundes wirksam ist. Das beruht nicht auf Auslegung des Parteiwillens, sondern auf objektivem, und zwar bei Verfügungen grundsätzlich zwingendem Recht. Zwar können die Parteien das Rechtsgeschäft, wenn es nicht bedingungsfeindlich ist, tatsächlich vom Zutreffen des Rechtsgrundes abhängig machen, indem sie diesen zu seiner Bedingung erheben, und bei abstrakten Schuldgeschäften unter Umständen auch, indem sie den Leistungsgegenstand durch ausdrückliches Versprechen dessen, was der Versprechende ohnehin schuldig ist, titulieren. Aber dann beruht die Abhängigkeit eben nicht auf einer kausalen Struktur, sondern entweder auf Bedingungsrecht — das kausale Geschäft ist trotz seiner Abhängigkeit vom Rechtsgrunde unbedingt — oder auf Gegenstandslosigkeit für den Fall, daß dieser nicht zutrifft; das titulierte Schuldversprechen dessen, „was ich dir aus Kauf schulde", ist ebenso abstrakt wie das Versprechen der Leistung von „ebensoviel, wie ich dem X. geschenkt habe" oder wie der Erlaß dessen, „was du mir schuldig bist"; aber wenn du mir nichts aus Kauf schuldig bist, oder wenn ich dem X. nichts geschenkt habe, so habe ich dir auch nichts versprochen oder er-

§ 2. Die Frage der konstruktiven Möglichkeit. 17

isolierten Beurteilung. Daß ein abstrakter Vertrag im eigenen
Namen zu fremden Gunsten oder Lasten geschlossen werden soll,

lassen. — Nach dem Grundsatze der Vertragsfreiheit im Schuldrecht können die
Parteien freilich zum Zwecke der Tilgung einer Urschuld auch einen Schuldvertrag schließen, der vermöge seiner kausalen Struktur vom Rechtsgrunde
abhängig ist; der ist aber kein Schuldversprechen im Sinne des § 780 und der
dort vorgeschriebenen Form nicht unterworfen (s. Planck-Siber II⁴ 314 f.
§ 305 II 1 a γ);

β. sofern das abstrakte Rechtsgeschäft auch bei Dissens über den Rechtsgrund wirksam ist. Diese Abstraktion vom Konsens über den Rechtsgrund ist
keine logische Folgerung aus der Abstraktion von dem objektiven Zutreffen des
Rechtsgrundes (α). Es gibt je nach dem Grade der isolierten Betrachtung die Möglichkeit abstrakter Rechtsgeschäfte im strengeren und im minder
strengen Sinn; man kann ein Rechtsgeschäft auch dann abstrakt nennen,
wenn dabei nur die Abstraktion unter α stattfindet. So die römische traditio,
die nicht nur Ulpian D 12, 1, 18 pr., sondern auch Julian D 41, 1, 36 nicht
vom Konsens über die causa abstrahiert (Eisele, Jherings J. 23, 6 f.;
Strohal das. 27, 368). Der erste Satz dieser Stelle sagt zwar, daß Dissens
über die causa für die Wirksamkeit der traditio belanglos sei, und er dürfte
auch nicht ursprünglich von der mancipatio gehandelt haben (so Lenel, ZRG.
Rom. 3 179; Strohal 364 ff.; dagegen Eisele 7 Anm. 4); denn er versteht
causa nicht in dem heute geläufigen Sinne, sondern wie das Beispiel zeigt
(Tradition solvendi causa für eine Schuld, die der eine aus Legat, der andere
aus Stipulation herleitet) gleich Rechtsnatur der zu erfüllenden Schuld (Eisele 7 f.).
Dabei wird schwerlich auf einen feststehenden Satz des positiven Rechtes wie die
streng abstrakte Natur der mancipatio verwiesen, sondern eher ein heraus-
geklügelter theoretischer Zweifel in ziemlich geringschätzigem Tone abgelehnt (non
animadverto cur inefficax sit traditio, — nicht constat, placuit oder dergl.);
es wird deshalb nicht subintelligiert werden dürfen, daß gar keine Schuld bestanden habe (so Strohal 365 ff.) — sonst wäre der Tatbestand gerade in dem
entscheidenden Punkte unvollständig —, sondern anzunehmen sein, daß die Schuld
bestanden hat und daß der Dissens über ihre Rechtsnatur der einzige Grund
des Zweifels war. Der zweite Satz fügt zur Verstärkung hinzu, daß es zweifel-
los (constat) auch unschädlich sei, wenn der Geber eine Geldsumme schenken,
der Empfänger sie als Darlehn annehmen wolle, wenn also der Dissens sogar
die causa dandi betreffe (Eisele 8 ff.); vermutlich nahm Julian, anders
als Ulpian, an, daß hier nach dem Satz in maiore minus ein unverzins-
liches Darlehn zustandegekommen sei (Eisele 10 ff.), — eine auch für heutiges
Recht sehr diskutable Ansicht. Er gebrauchte dann causa das zweitemal nicht
in einem von dem ersten abweichenden (so auch Eisele 8), sondern mutatis
mutandis in genau dem gleichen Sinne: der Dissens betraf dort nicht die causa
solvendi, sondern nur die Rechtsnatur der Schuld, hier nicht das zustande-
kommende minus, für das Konsens vorliegt, sondern nur seine Rechtsnatur als
bloßes Darlehn. In der Stelle wird daher nichts interpoliert, sondern nur am
Schlusse die von Ulpian abweichende Ansicht Julians über das Darlehn gestrichen
sein. — Daß der vermeintlich julianische Satz von der streng ab-

wird sich wohl in allen praktisch ernst zu nehmenden Fällen nur aus seinem Rechtsgrunde ergeben können. Bisweilen wird aber auch

strakten Natur der traditio nach dem BGB. für alle Verfügungen gilt, dürfte nicht zu bezweifeln sein; aber er trägt nicht so weit, wie es zunächst scheint. Er besagt nur, daß das objektive Recht die isolierte Betrachtung zugrunde legt und deshalb die Wirksamkeit nicht von dem Parteieinverständnis über den Rechtsgrund abhängig macht, nicht daß die Parteien behindert wären, sie doch von einem solchen abhängig zu machen. Der gegebene Weg dazu ist nicht der Vertragsschluß unter Bedingung des Einverständnisses über den Rechtsgrund — der wäre bei bedingungsfeindlichen Verträgen ungangbar —, sondern der bedingte Antrag zum unbedingten Abschluß. Einen solchen wird die Auslegung nach § 133 insbesondere dann stets ergeben, wenn die Anträge zu dem kausalen und zu dem abstrakten Vertrag in eine Erklärung zusammengefaßt sind. Wollte unter einem Landesrecht, das keine Vollziehung des Protokolles durch die Parteien verlangt, ein Grundbuchamt oder Notar bei gleichzeitiger Anwesenheit der letzteren zunächst den Antrag des Grundeigners zum Verkauf und zur Auflassung und hierauf eine Erklärung des Erwerbers zu Protokoll nehmen, nach der dieser das Grundstück als Geschenk annimmt, so ist weder ein Kausalgeschäft noch eine Auflassung zustandegekommen, und zwar auch nicht etwa eine nichtige Auflassung, weil in dem Antrage die nach § 925 Abs. 2 unzulässige Bedingung des Einverständnisses über das Kausalgeschäft zu finden wäre, sondern gar keine Auflassung, weil ein Antrag dazu nur für den Fall gleichzeitiger Annahme des Verkaufsantrags gestellt war. Dieser Antrag ist nicht auf bedingte Auflassung gerichtet, sondern er geht auf unbedingte Auflassung, ist aber in der Weise unter einer Bedingung gestellt, daß er nur entweder unter gleichzeitiger Erfüllung der letzteren oder gar nicht, also keinesfalls mit dem Erfolge einer unzulässigen bedingten Auflassung angenommen werden konnte; dem steht die Bedingungsfeindlichkeit der Auflassung nicht entgegen. — Nach dem obigen Grundsatz ist deshalb zwar die isolierte Betrachtung für die Wirksamkeitsvoraussetzungen nach objektivem Recht maßgebend. So ist die Frage, ob ein Minderjähriger durch Erfüllungsannahme ohne Zustimmung des gesetzlichen Vertreters Eigentum erwirbt, nach § 107 zu bejahen (Planck-Flad I⁴ 244f. § 107 I 3 d), weil jener durch die isoliert vom Rechtsgrunde betrachtete Übereignung nur einen rechtlichen Vorteil erlangt. Dagegen wird in Fragen der Vertragsauslegung nach §§ 133, 157 viel häufiger die Betrachtung im Zusammenhange mit dem Rechtsgrunde entscheiden, die meist keine bedingte Einigung, aber doch sehr oft einen bedingten Antrag im obigen Sinne ergeben wird. So kommt zwar eine zum Zwecke der Erfüllung angebotene, als Geschenk angenommene Auflassung ohne Einigung über den Rechtsgrund zustande, wenn der Veräußerer das Protokoll trotz dem daraus hervorgehenden Dissens über den Rechtsgrund genehmigt und unterschreibt; aber der Gläubiger, dem eine Sache zur Erfüllung übersandt wird, erlangt nicht das Eigentum, wenn er erklärt, sie als Geschenk oder als Erfüllung einer anderen Schuld annehmen zu wollen; denn der Übereignungsantrag ist nur für den Fall des Einverständnisses mit dem vom Schuldner bestimmten Erfüllungszweck gestellt worden und kann nicht ohne dieses Ein-

§ 2. Die Frage der konstruktiven Möglichkeit.

bei kausalen Verträgen, deren Inhalt über die Frage des Abschlusses im eigenen oder im fremden Namen Zweifel läßt, aus dem etwaigen entfernteren Rechtsgrunde eine Antwort zu gewinnen sein.

a) Abstrakte Schuldverträge zu fremdem Recht, deren Rechtsgrund im Deckungsverhältnis zwischen den Vertragschließenden liegt, können ebensowohl im eigenen wie im Namen des Dritten geschlossen werden; wenn sich ein Gläubiger von seinem Schuldner an Erfüllungsstatt (vgl. § 364 Abs. 2) die Leistung an einen Dritten versprechen läßt, dem er selbst schenken will, so kann er das Schuldversprechen im Namen des Dritten annehmen, — denn der Schuldner kann nach §§ 362 Abs. 2 mit Zustimmung des Gläubigers seine Schuld auch dadurch tilgen, daß er an einen Dritten leistet. Regelmäßig wird freilich der Gläubiger hier im eigenen Namen handeln, und das ist auch auf Grund des § 164 Abs. 2 stets anzunehmen, wenn nicht der entgegengesetzte Wille erkennbar hervortritt. — Liegt der Rechtsgrund im Außenverhältnis zwischen dem Schuldner und dem Dritten, so wird immer Stellvertretung anzunehmen und die Möglichkeit eines Abschlusses im eigenen Namen zwar theoretisch zuzugeben [1], aber ohne praktische Bedeutung sein [2].

---

verständnis angenommen werden; die „Annahme" zu anderem Zwecke ist deshalb nicht nur ein Antrag zu einer anderen Kausalberedung, sondern auch ein neuer Antrag zur Einigung über den Eigentumsübergang (vgl. Planck-Siber II⁴ 475 § 362 2 c α, 485 § 366 2, 487 § 367 1).

[1] S. oben S. 14 f.; a. M. Hellwig 271.

[2] Die gesetzliche Auslegungsregel des § 164 Abs. 2 ergibt zwar nur, daß die direkte Stellvertretung notwendig offen sein muß, nicht auch, daß jedes dem Gegner aufgedeckte Handeln im fremden Interesse als direkte Stellvertretung zu gelten hätte. Sie greift deshalb an sich auch dann Platz, wenn ausdrücklich vereinbart ist, daß ein Dritter unmittelbar anspruchsberechtigt oder durch eine Verfügung belastet werden soll; denn wo Zweifel besteht, ob ein Vertrag im fremden Namen oder nur zu fremden Gunsten oder Lasten geschlossen ist, „tritt der Wille, im fremden Namen zu handeln", nicht notwendig „erkennbar hervor"; § 164 Abs. 2 spricht daher in Zweifelsfällen gegen die direkte Stellvertretung und für den Vertragsschluß zu fremden Gunsten oder Lasten. Aber der Vertretungswille tritt nicht nur dann „erkennbar" hervor, wenn jede andere Deutung ausgeschlossen ist, sondern schon dann, wenn er der nächstliegenden Deutung ent-

2*

Ein kausaler Schuldvertrag, der sowohl im eigenen Namen zugunsten eines Dritten wie im Namen des Dritten geschlossen werden kann, ist die Hingabe eines Darlehns mit Abrede der Rückzahlung an einen Dritten; wenn auch das hingegebene Geld einverständlich dem Dritten gehörte, so wird das freilich meist genügen, um den Stellvertretungswillen erkennbar hervortreten zu lassen (§ 164 Abs. 2); doch bleibt ein Abschluß im eigenen Namen trotzdem möglich, und ein darauf gerichteter Wille kann sich aus dem entfernteren Rechtsgrunde ergeben, wenn durch den Abschluß eine eigene Verpflichtung des Gebers aus Darlehnsvorvertrag (§ 610) erfüllt werden sollte[1]).

b) **Auch reine Verfügungen zu fremden Lasten, deren Rechtsgrund zwischen dem Verfügenden und dem Erwerber liegt**, können im eigenen, wie im Namen des Dritten getroffen werden: leistet der Schuldner fremdes Geld mit Zustimmung des Eigentümers, um eine eigene Schuld zu erfüllen, so kann er als dessen Vertreter handeln — denn der Dritte könnte die Schuld nach § 267 auch ohne Zutun des Schuldners erfüllen; in allen Zweifelsfällen sprechen aber die Umstände, wie der § 164 Abs. 2 für ein **Handeln im eigenen Namen**. — Konstruktiv kann sich das gleiche auch aus einem Rechtsgrund im **Außenverhältnis zwischen dem Dritten und dem Erwerber** ergeben. Es ist nicht undenkbar, daß jemand zur Erfüllung einer fremden Schuld eine einverständlich dem Schuldner gehörige Sache mit dessen Zustimmung leistet und doch im eigenen Namen erfüllt (§ 267) wie verfügt (§ 185)[2]; so etwa, wenn der Eigentümer-Schuldner nur einer Verfügung zu beliebigem Zwecke zugestimmt hat, und sogar im Falle seiner allseitigen Zustimmung,

---

spricht. Sollen darum alle Vertragswirkungen, über die etwas erklärt worden ist, in der Person des Dritten eintreten, so kann nicht deshalb ein Vertragsschluß zu fremden Gunsten oder Lasten angenommen werden, weil über gewisse entlegene, sogenannte pathologische Vertragswirkungen wie zumeist gar nichts erklärt worden ist.

[1] Vgl. Planck-Siber II⁴ 411 Vorbem. II 1 a β zu §§ 328 ff.
[2] Vgl. daselbst II⁴ 145 f. § 267 5.

§ 2. Die Frage der konstruktiven Möglichkeit. 21

wenn der Verfügende für den Fall des Nichtbestehens der Schuld sich selbst die Rückforderung vorbehalten oder wenn er bei einer Leistung an Erfüllungsstatt vereinbart hat, daß die Gewährschaft gemäß § 365 nur ihm selbst obliegen soll.

3. Wie die meisten Verfügungen zu fremden Lasten, so hätte jede Verfügung zu fremdem Recht

a) bei isolierter Betrachtung nur eine Vertragswirkung, die z. B. im Erwerb der abgetretenen Forderung, in der Tilgung der erlassenen Schuld, im Erwerb des veräußerten Eigentums oder der bestellten Dienstbarkeit bestände und nur in der Person des Dritten eintreten könnte. Denn die Ansprüche der §§ 402, 403 im Falle der Abtretung sind bloße Zubehörungen der Forderung, die vielleicht gegen einen von dem bisherigen Gläubiger verschiedenen Zedenten gerichtet sein, aber nicht einem von dem neuen Gläubiger verschiedenen Zessionar zufallen könnten. — Weiter sind zwar das Eigentum und die Dienstbarkeit ebenso wie das Schuldverhältnis rechtliche Organismen, denen Einzelrechte und -pflichten entspringen, und es ist auch möglich, daß z. B. das Eigentum einem andern zusteht als der Eigentumsanspruch auf Besitzherausgabe; der Eigentümer kann diesen etwa seinem Mieter abtreten, und der Veräußerer eines in fremdem Besitz befindlichen Grundstücks, der dies gleichzeitig zurückmietet, kann ihn sich bei der Veräußerung vorbehalten. Nicht aber könnten solche Ansprüche oder dem dinglichen Recht entspringende Pflichten infolge einer Verfügung zu fremdem Recht den Annehmenden als solchen treffen: wäre vereinbart, daß das Grundeigentum dem Dritten, der Anspruch auf Besitzherausgabe dem Annehmenden zufallen soll, so wäre darin neben der Grundstücksveräußerung eine zweite Verfügung — die Abtretung des Anspruchs — enthalten, und diese wäre nicht zu Rechten des Dritten geschlossen; wollte der Annehmende selbst Pflichten übernehmen, die dem Eigentümer als solchen obliegen, so bedürfte es dazu neben der Grundstücksveräußerung einer Schuldübernahme. — Während sich deshalb auch bei abstrakten Schuldverträgen ein Auseinanderfallen des

Schuldverhältnisses und der einzigen ihm entspringenden Forderung auf den Vertragsgegner und den Dritten wenigstens konstruieren läßt, dürfte entsprechendes bei der Verfügung zu fremdem Recht selbst als theoretische Möglichkeit ausscheiden.

b) Betrachtet man die Verfügung zu fremdem Recht als Glied eines weiteren Tatbestandes, so wäre sie gewiß denkbar, wenn ihr **Rechtsgrund im Verhältnis zwischen dem Verfügenden und dem Annehmenden** läge; so wenn ein Gläubiger die Erfüllung seiner Forderung in der Weise annehmen wollte, daß ein von ihm zu beschenkender Dritter Eigentümer würde. Sie wird dagegen nicht in Betracht kommen, wenn der Rechtsgrund im Außenverhältnis zwischen dem Verfügenden und dem Erwerber liegt. Will jemand die Erfüllung der Forderung eines Dritten oder die Valuta des einem Dritten zu gewährenden Darlehns dergestalt annehmen, daß der Dritte Eigentum erwirbt, so wird sein Wille immer auf Stellvertretung gerichtet und es wird sogar zu bezweifeln sein, ob ein entgegengesetzter Wille nicht perplex wäre: wenn z. B. der Schuldner mit Vorbehalt geleistet hat, so könnte sich der Bereicherungsanspruch des § 813 nur gegen den Dritten richten, nicht gegen den Annehmenden, der dadurch höchstens um den Besitz bereichert sein kann, — und wenn der Annehmende selbst die eventuelle Herausgabe versprochen haben sollte, so könnte das nur als Gewährleistung für die Herausgabepflicht des Dritten gedacht sein; auch die Gewährschaftsansprüche bei einer Leistung an Erfüllungsstatt (§ 365) werden niemals einem Nichtgläubiger zustehen können, der die Leistung annimmt[1]. Ließe sich aber das Gegenteil auch konstruktiv denken, so wäre es doch nach geltendem Recht schon deshalb nicht diskutabel, weil die Möglichkeit von Verfügungen zu fremdem Recht aus dem Gesetz nicht unmittelbar hervorgeht, sondern daraus nur durch entsprechende Anwendung der Vorschriften über Schuldverträge zu fremdem Recht abgeleitet

---

[1] Vgl. oben S. 20 f.

§ 2. Die Frage der konstruktiven Möglichkeit.

werden könnte. Das wäre für so unpraktische Fälle wie die obigen gewiß nicht zu rechtfertigen, denn es kann nicht Zweck der Analogie sein, eine im Gesetz glücklich vermiedene Totgeburt nachzuholen und das geltende Recht mit intrikaten Konstruktionen zu belasten, die doch niemals dem Leben angehören werden.

III. Kein dingliches Rechtsgeschäft liegt vor, wo das Gesetz an den Forderungserwerb auch gewisse dingliche Wirkungen anknüpft.

1. Es ist mehrfach darauf hingewiesen worden[1], daß dies auch bei Schuldverträgen zu fremdem Recht vorkommt, sofern der Dritte z. B. ohne sein Zutun und nur vorbehältlich der Ausschlagung das Eigentum am Schuldschein (§ 952), nach manchen auch auf dem Gebiete des § 854 Abs. 2 den unmittelbaren Besitz[2] und vor allem — was freilich gleichfalls nicht unstreitig ist — bei Schuldverträgen auf Herausgabe einer bestimmten Sache den mittelbaren Besitz erwirbt[3]). Ein Verhältnis, vermöge dessen der unmittelbare Besitzer einem andern gegenüber „auf Zeit zum Besitze berechtigt und verpflichtet ist" (§ 868), kann für einen Dritten durch Schuldvertrag zu seinen Gunsten geschaffen werden, und ein Wille des mittelbaren Besitzers ist in § 868 ebensowenig als Erfordernis für den Besitzerwerb aufgestellt, wie in § 854 Abs. 1 ein solcher des unmittelbaren. Man kann darum den mittelbaren Besitz ohne Willen und Wissen erwerben, z. B. entsprechend § 870 beim Übergang eines Herausgabeanspruchs kraft Gesetzes[4], und nicht minder auch beim Erwerb eines solchen durch Schuldvertrag zu fremdem Recht.

a) Wo der Besitzerwerb das reale Moment im Tatbestande des Erwerbes eines dinglichen Rechtes, z. B. des Eigen-

---

[1] Zuerst von Strohal 86 f.; f. ferner Bruns 116 ff.
[2] Strohal 86 ff.; Bruns 122 ff.; F. Leonhard 58; Rosenberg 546: a. M. u. a. Hellmann, KritVJSchr. 1912, 112 f.; Wolff, Sachenrecht § 11 Anm. 9.
[3] Bruns 125 ff. mit Literatur; Hellmann a. a. O.; Wolff a. a. O. § 8 Anm. 19.
[4] Planck-Strecker III³ § 870 2; Biermann § 870 2.

tums bildet, da ist sonach auch dieser durch den obigen Grundsatz erleichtert: Erwirbt man den mittelbaren Besitz ohne Wissen und Willen durch einen Schuldvertrag zu fremdem Recht, so kann man auch ohne sein Wissen, obwohl nicht ohne seinen Willen Eigentum erwerben, wenn man sich darüber schon vor dem Besitzerwerb mit dem Rechtsvorgänger geeinigt hat oder nachträglich, aber in Unkenntnis von dem schon eingetretenen Besitzerwerb einigt[1]. Dabei handelt es sich aber nicht um einen dinglichen Vertrag zugunsten eines Dritten, sondern um eine von dem Dritten selbst geschlossene dingliche Einigung verbunden mit einem zu seinen Gunsten geschlossenen reinen Schuldvertrage, der nur vermöge einer dinglichen Nebenwirkung ausreicht, um das außer der Einigung erforderliche reale Tatbestandsmoment des Besitzerwerbes zu vermitteln, — ähnlich wie der Käufer auf Grund einer Einigung mit dem Verkäufer auch dann Eigentümer des gekauften Hundes wird, wenn ihm dieser von selbst zuläuft.

b) Fraglicher ist, ob in gleicher Weise der Erwerb einer **Briefhypothek** vor sich gehen kann.

α) Der Grundeigner, der durch Schuldvertrag zu fremdem Recht die Hypothekbestellung an einen Dritten versprochen hat, kann die Hypothek nach §§ 19, 13 Abs. 2 GBO. ohne Zutun des Versprechensempfängers oder des Dritten eintragen lassen; dann ist ihm selbst nach § 60 Abs. 1 GBO. der Brief auszuhändigen, aber der Dritte hat gegen ihn mit dem Anspruch auf die Hypothek auch einen solchen auf den Brief erworben, und er kann ferner mit der Aushändigung an den Eigner den mittelbaren Besitz daran erlangt haben, wenn durch den Schuldvertrag zu seinen Gunsten auch ein nach § 868 zur Besitzvermittlung am Brief geeignetes Verhältnis vereinbart worden ist. Auch dann bedarf es freilich zum Erwerbe der Hypothek immer noch der Einigung über ihre Bestellung, die mit dem Dritten selbst zu schließen oder, wenn sie schon beim Abschluß des Schuldvertrages von dem Versprechensempfänger in

---

[1] Hellwig 344f.; v. Tuhr, Jherings J. 48, 45 Anm. 66.

§ 2. Die Frage der konstruktiven Möglichkeit. 25

dessen Namen geschlossen wurde, von dem Dritten zu genehmigen ist[1]. Aber es wird nicht außerdem noch einer mit dem Dritten zu vereinbarenden Übereignung des Briefes bedürfen, sondern der Erwerb der Hypothek und damit auch des Eigentums am Brief (§ 952) wird sich, wenn die erforderliche Einigung über die Bestellung inzwischen erfolgt ist, mit der Ausfertigung des Briefes an den Grundeigner, andernfalls mit der nachfolgenden Einigung vollenden.

Das ist freilich nach der Fassung des Gesetzes zweifelhaft. Denn § 1117 Abs. 1 verlangt zwar im Satz 1 nur, daß der Eigentümer dem Erwerber den Brief übergibt, was nicht auf Übereignung, sondern auf bloße Besitzübergabe zu deuten scheint[2], aber er erklärt im Satz 2 die §§ 930, 931 für anwendbar, die nicht von der bloßen Besitzübergabe, sondern von der Übereignung handeln[3]. Man wird indessen diese Anwendung, obwohl das im Gesetz nicht gesagt ist, als nur entsprechend verstehen können. Dann läßt sich aus der Heranziehung des § 931 entnehmen, daß anstatt der im Satz 1 erforderten Übergabe (des unmittelbaren Besitzes) die Abtretung eines Anspruchs auf Herausgabe des Briefes selbst dann genügt, wenn der Erwerber dadurch nicht gemäß § 870 den mittelbaren Besitz erlangt, — und aus der des § 930, daß auch die Verschaffung des mittelbaren Besitzes durch Konstitut den gleichen Dienst leistet; denn bei nur entsprechender Anwendung braucht man die Worte des § 930, nach denen es zur Fahrnisübereignung einer Vereinbarung zwischen dem Veräußerer „und dem Erwerber" bedarf, auf den Erwerb der Briefhypothek nicht auszudehnen, sondern man kann hier neben der stets mit dem

---

[1] S. jedoch unten S. 49 ff. Entsprechend, wenn die schon verpfändete Briefhypothek nochmals verpfändet werden soll; der zweite Pfandgläubiger kann durch Vereinbarung zwischen dem ersten und dem Hypothekgläubiger zu seinen Gunsten mittelbarer Besitzer des Briefes werden (Bruns 126 f.; vgl. für Pfändung KG., OLG. 15, 12), aber die Einigung über die Pfandbestellung muß er selbst annehmen.

[2] Zum Sprachgebrauch F. Leonhard 57 f.

[3] Predari, Grundbuchordnung² 145 Einl. § 10 B I a.

Erwerber selbst zu schließenden Einigung über die Hypothek=
bestellung auch den von einem anderen zugunsten des Erwerbers
geschlossenen Schuldvertrag genügen lassen, durch den dieser den
mittelbaren Besitz an dem Briefe erlangt.

Für eine solche Erleichterung spricht sachlich vor allem die Rück=
sicht auf den § 1117 Abs. 2, nach dem anstatt der Briefübergabe
auch die formlose Vereinbarung genügt, daß der Erwerber be=
rechtigt sein solle, sich den Brief unmittelbar von dem Grund=
buchamt aushändigen zu lassen. Nach § 60 Abs. 2 GBO. besteht
auch in diesem Fall eine Amtspflicht zur Herausgabe des Briefes
nur gegenüber dem Grundeigner; an den Erwerber hat das
Grundbuchamt den Brief nur herauszugeben, wenn die Ver=
einbarung dem Formerfordernis des § 29 S. 1 GBO. genügt[1].
Da sonach trotz der formlosen Vereinbarung nicht der Erwerber,
sondern höchstens der Grundeigner selbst den mittelbaren Besitz
am Brief erlangt[2], so wird in Abs. 2 von dem Besitzerfordernis
ebenso abgesehen, wie bei der in Abs. 1 vorgeschriebenen An=
wendung des § 931 (anstatt des § 870), und es wird auch nicht
eine Einigung über den Eigentumsübergang am Briefe verlangt;
denn aus der formlosen Vereinbarung des Abs. 2 ergibt sich nur
eine Verpflichtung des Grundeigners, dem Erwerber durch Er=
klärung gegenüber dem Grundbuchamt die unmittelbare Abhebung
des Briefes zu ermöglichen, und da dies neben der Einigung über
die Bestellung zum Erwerb der Hypothek ausreicht, so vollzieht
sich hier der Eigentumserwerb an dem Brief einfach kraft Gesetzes
nach § 952. Gegenüber dieser Weitherzigkeit des Abs. 2 wird
man aus dem Abs. 1 nicht entnehmen dürfen, daß beim Besitz=

---

[1] Vgl. Predari a. a. O. 708 § 60 2; Dernburg, Bürgerliches
Recht IV⁴ 702 § 214 2.

[2] Gegen Prot. III 729; RG. 66, 99; Rosenberg 542 u. a.; auch
Dernburg a. a. O. Wollte man dem Erwerber einen — auf unmittelbarem
Besitz des Grundbuchamts und mittelbarem des Grundeigners beruhenden —
mittelbaren Besitz zweiten Grades zugestehen, so wäre dazu ein den Anforderungen
des § 868 entsprechendes Verhältnis zwischen dem Erwerber und dem Grund=
eigner zu verlangen, also die bloße Herausgabepflicht des letzteren nicht aus=
reichend.

§ 2. Die Frage der konstruktiven Möglichkeit. 27

konstitut neben der Verschaffung des mittelbaren Besitzes auch noch eine Übereignung des Briefes erforderlich sei. Vielmehr wird nach Abs. 1 verb. mit § 931 die Übereignung des Briefes ohne Verschaffung des mittelbaren Besitzes genügen, während es nach Abs. 2 weder der Übereignung noch der Besitzverschaffung bedarf.

β) § 1117 Abs. 2 interessiert hier aber auch unmittelbar. Er verlangt, wie gesagt, nur eine Vereinbarung, auf Grund deren der Erwerber von dem Grundeigner die zur Abhebung des Briefes beim Grundbuchamt nötigen Erklärungen verlangen kann, also eine Vereinbarung, durch die nur ein Anspruch gegen den Eigner begründet wird, und die nicht einmal die dingliche Nebenwirkung der Besitzvermittlung für den Erwerber zu haben braucht. Er schreibt ferner nicht vor, daß diese Vereinbarung mit dem Erwerber geschlossen sein müßte, und wegen ihrer rein schuldrechtlichen Natur besteht auch kein Anlaß, ein solches Erfordernis in das Gesetz hineinzutragen. Infolgedessen genügt nach Abs. 2 auch ein Schuldvertrag zu fremdem Recht, durch den der Grundeigner verspricht, die Hypothek einem Dritten zu bestellen und diesem die unmittelbare Abhebung des Briefes beim Grundbuchamt zu ermöglichen[1]. Freilich ergibt sich aber auch hieraus nicht die Möglichkeit eines dinglichen Vertrages zu fremdem Recht, denn die Einigung über die Hypothekbestellung muß gleichwohl von dem Grundeigner mit dem Dritten selbst geschlossen werden[2].

2. Eine bewilligte Vormerkung ist auf Grund einseitiger Bewilligung des Passivbeteiligten auf dessen Antrag einzutragen (§ 885, GBO. § 13 Abs. 2) und bewirkt eine dingliche Sicherung des vorgemerkten Anspruchs, ohne daß es dazu einer dinglichen Einigung mit dem Gläubiger oder mit

---

[1] A. M. Königsberg, OLG. 14, 102 f. und, obwohl reformierend, RG. 66, 99 ff.; Komm. v. R.G.R. § 1117 4; dagegen, jedoch vom Standpunkte des dinglichen Vertrages zu fremdem Recht aus, Bruns 129 ff., 132, der unmittelbaren, Rosenberg 542 f., der mittelbaren Besitz des Gläubigers am Brief annimmt.

[2] S. unten S. 47 f.

einem Dritten zu dessen Gunsten bedürfte[1]. Die Sicherung ist gegenstandslos, wenn eine zu sichernde Forderung nicht besteht, aber ihre rechtliche Grundlage ist nicht die Forderung, sondern die Eintragsbewilligung (oder wenn die Vormerkung versprochen war, die Verurteilung dazu) verbunden mit der Eintragung. Nimmt man auf Grund der Vormerkung — entgegen der herrschenden Meinung — ein dem dinglichen Vorkaufsrecht inhaltsverwandtes dingliches Recht an, so fällt dies bei einem Schuldvertrag zu fremdem Recht dem Dritten zugleich mit der vorgemerkten Forderung zu, aber **nicht vermöge einer dinglichen Nebenwirkung des Forderungserwerbes, sondern — wie die Inhaberhypothek nach § 1188 Abs. 1 — auf Grund eines einseitigen Rechtsgeschäftes des Eigentümers.**

3. Der Gedanke einer an den Forderungserwerb geknüpften dinglichen Wirkung ließe sich **gesetzgeberisch** in der Weise ausbauen, daß **Schuldverträge zu fremdem Recht auch den Erwerb des Leistungsgegenstandes vermitteln könnten**; dann bliebe für dingliche Verträge zu fremdem Recht bei Verpflichtungen zu Speziesleistungen selbst de lege ferenda kein Raum. Dies wäre der Schlußstein des französischen Systemes, nach dem sich der Eigentumserwerb par l'effet des obligations vollzieht (Code civil art. 711, 1138, 1583). Es ist deshalb bezeichnend, daß eine neuerdings zum Belege für einen dinglichen Erwerb zu fremdem Recht angeführte Reichsgerichtsentscheidung[2] dem Gebiete des französischen Rechts angehört; sie liegt in seinem Gedankenkreise[3], wenn sie auch nicht vom Eigentumserwerbe, sondern von der Bestellung einer Grunddienstbarkeit handelt, aber sie läßt sich nicht für das System des BGB. verwerten, des einen entsprechenden Grundsatz nicht kennt.

---

[1] Vgl. Predari a. a. O. 104 Einl. § 8 II 1.
[2] RG. 47, 356 ff.; Rosenberg 544.
[3] Vgl. O. Mayer, Die dingliche Wirkung der Obligation (1879) 16, 27, 30 f, 38, 42 f., 49.

§ 3.
Die Frage des praktischen Bedürfnisses.

Soweit sich nach § 2 Verfügungen zu fremden Gunsten von solchen in fremdem Namen überhaupt unterscheiden ließen, wäre die entsprechende Anwendung der §§ 328 ff. auf Verfügungen vielleicht zu rechtfertigen, wenn es wichtige Parteizwecke gäbe, denen man ohne sie nicht genügen könnte. Das dürfte aber — von einer Komplikation abgesehen[1] — nicht der Fall sein, obwohl neuerdings mit großer Bestimmtheit das Gegenteil gelehrt wird[2].

I. Zunächst wird sich ein solches Bedürfnis aus allgemeinen Erwägungen nicht ergeben.

1. Daß entsprechende Vereinbarungen gewollt sein und verständigen Zwecken dienen könnten, wäre nur beweisend, wenn eine Verfügung zu fremdem Recht für gewisse Fälle auch praktische Vorteile gegenüber der Stellvertretung bieten könnte. Ohne das bestände rechtspolitisch kein Grund, den Parteien neben der Stellvertretung einen zweiten Weg zu demselben Ziele zu eröffnen. Wie ein Bedürfnis für neue Testamentsformen nicht daraus folgt, daß sich ein Erblasser in der richtigen Form vergreifen kann, so läßt sich die Einführung neuer Rechtsinstitute neben alten, die den gleichen Dienst leisten, nicht damit rechtfertigen, daß es einer Partei aus Rechtsunkenntnis oder aus Laune einfallen kann, sich der alten nicht zu bedienen, oder daß sie einen Prozeß verlieren kann, wenn sie unvorsichtigerweise zugesteht, das nicht getan zu haben; anders nur, wenn etwa der ohnehin gangbare Weg infolge verfänglicher Vorschriften besonders leicht zu verfehlen wäre, was sich von der aller Formalitäten entkleideten Stellvertretung das BGB. gewiß nicht sagen läßt.

---

[1] Unten S. 49 ff.
[2] Von Bruns 129; Rosenberg 543 ff.; jetzt auch Biermann [3] 5.

a) Wie aber das Vorliegen eines Rechtsgrundes zwischen den Vertragschließenden den Vertragsgegner nicht hindert, einen abstrakten Schuldvertrag anstatt zu Rechten des Dritten als dessen Stellvertreter zu schließen, so steht es natürlich auch der Annahme einer Verfügung im Namen des Dritten nicht entgegen. Denn das Anwendungsgebiet der Stellvertretung ist — von höchst persönlichen Rechtsgeschäften abgesehen — völlig unbegrenzt, weshalb selbst kausale Schuldverträge zu fremdem Recht und Äquivalentverfügungen von dem Dritten im Namen des Vertragsgegners geschlossen werden können: der bezugsberechtigte Dritte kann beim Abschluß einer Lebensversicherung zu seinen Gunsten als Stellvertreter des Versicherungsnehmers handeln; der Gläubiger kann als solcher eines Nichtgläubigers die Erfüllung gemäß § 362 Abs. 2 annehmen und damit im fremden Namen über seine eigene Forderung verfügen. Es dürfte sich auch bezweifeln lassen, ob berechtigende Verträge auf Leistung an Dritte jemals neben der Stellvertretung aufgekommen wären, wenn es nur einseitige Schuldverträge gäbe. Ein unabweisbares Bedürfnis für ihre Zulassung besteht nur bei beiderseits verpflichtenden Verträgen, wenn der Schuldner nicht auch den Gegenanspruch erwerben will; das ließe sich ohne sie nur durch Auseinanderreißen der Vereinbarung in zwei einseitige Schuldverträge erreichen, von denen der verpflichtende im eigenen, der berechtigende im Namen des Dritten zu schließen wäre; damit würden die beiderseitigen Verpflichtungen in einer Weise voneinander unabhängig gemacht, die vielfach — wie die römischen Stipulationen über Kaufsache und Kaufpreis zeigen — erwünscht, aber auch ebenso oft unerwünscht ist und deshalb in einem entwickelten Recht vermeidlich sein muß. Infolgedessen dürften von den Verträgen auf Leistung an Dritte die gegenseitigen auch heute noch die einzigen sein, die sich im Leben eines nennenswerten Anwendungsgebietes zu erfreuen haben, und wenn das BGB. nur sie geregelt hätte, so würde die Ausdehnung seiner Vorschriften vielleicht für unwesentlich zweiseitige und für kausale einseitige, aber schwerlich

§ 3. Die Frage des praktischen Bedürfnisses.

auch für abstrakte Schuldverträge einem unabweisbaren Bedürfnis entgegenkommen. Nicht anders steht es bei der heute streitig gewordenen Ausdehnung der §§ 328 ff. auf die gleichfalls abstrakten dinglichen Rechtsgeschäfte, der zudem neben der Weite des Schrittes vom Schuldvertrag zum Verfügungsgeschäft auch Bedenken für einzelne Gruppen von Verfügungen entgegenstehen; so ist es wegen der vielfach damit verbundenen Lasten nicht grundlos, wenn niemandem ohne seinen Willen das Eigentum aufgedrängt werden kann, und es ist fraglich, ob nicht eine entsprechend dem § 333 ausschlagungsfähige Auflassung zu fremdem Recht dem Zweck des § 925 Abs. 2 zuwider wäre. Mögen aber solche Gegengründe schwächlich aussehen und nicht bei allen Verfügungen durchschlagen, so ist das doch ohne Belang, wo auch keine gewichtigen Gründe für die Analogie sprechen.

b) Ein praktisch bedeutsamer Unterschied zwischen Verfügungen im fremdem Namen und solchen zu fremdem Recht ergäbe sich daraus, daß jene nach § 177 erst mit der nachträglichen Genehmigung, diese entsprechend § 333 sofort und nur vorbehältlich der Ausschlagung wirksam würden; darum fiele z. B. eine veräußerte Sache ersternfalls schlechthin, letzternfalls nur vermöge der Ausschlagung in die Konkursmasse des Veräußerers[1]. Aber praktisch bedeutsam ist nicht gleichbedeutend mit schutzwürdig, und der Wunsch, eine Sache beizeiten aus dem bevorstehenden Konkurse in Sicherheit zu bringen, hat auf dieses Prädikat keinen Anspruch. Auch hat jener Unterschied, vom Standpunkte des praktischen Bedürfnisses aus betrachtet, mit dem Gegensatze des Handelns in fremdem Namen und zu fremdem Recht kaum etwas zu schaffen. Wäre mit Rücksicht auf Fälle, in denen der Dritte an einer Erklärung verhindert ist, das Bedürfnis anzuerkennen, ihm ohne solche ein vorläufiges dingliches Recht zu verschaffen, so bestände es schwerlich nur, wo der Rechtsgrund der Verfügung im Verhältnis

---

[1] Bruns 124 f.

zwischen dem Verfügenden und dem Annehmenden liegt[1], sondern es könnte sich ebensogut auch ohne das überall ergeben, wo sofortiges Eingreifen eines Geschäftsführers erforderlich ist. Auch die Schuldverträge zu fremdem Recht sind nicht dringlichen Fällen zuliebe anerkannt worden. Der Vertragsgegner ist in der Regel nicht Geschäftsführer des Dritten[2], und daß ein findiger Geschäftsführer den Vertragsschluß zu fremdem Recht einmal statt der Stellvertretung benutzen kann, um dem behinderten Geschäftsherrn ein vorläufiges Forderungsrecht zu verschaffen, ist ein bloßes Zufallsergebnis, mit dem sich eine Ausdehnung über die gesetzlich anerkannten Fälle hinaus nicht rechtfertigen läßt. Wäre es darum ein Fehler, daß der Erwerb durch einen nicht ermächtigten Vertreter stets bis zur nachträglichen Genehmigung aufgeschoben ist, so ließe sich dem vollständig und auf geradem Wege nur durch eine Änderung des Stellvertretungsrechtes abhelfen, und es könnte sich daraus vielleicht das Bedürfnis für eine Notvertretungsmacht zum Erwerbe provisorischer Rechte ergeben, aber kein solches für die Ausdehnung des Vertragsschlusses zu fremdem Recht, die doch nur bei bestimmten eng begrenzten Verkettungen zur Abhülfe führen könnte. Der § 333 muß deshalb als unmaßgeblich überall bei Seite bleiben, wo das Bedürfnis einer ihm entsprechenden Regelung auch in Stellvertretungsfällen eintreten könnte und sonach mit den Besonderheiten des Vertragsschlusses zu fremdem Recht nichts zu tun hätte[3].

2. Nun dürfte aber bisher nicht einmal das tatsächliche

---

[1] Vgl. oben S. 7.

[2] Planck-Siber II⁴ 412f. Vorbem. III 1b zu § 328 ff.

[3] Vom Standpunkt des geltenden Rechtes aus kann zwar eine Abhülfe für eine bestimmte Gruppe von Fällen besser sein als gar keine Abhülfe. Vom Standpunkt des Gesetzgebers aus ist aber stets zu fragen, ob ein vermeintlicher Fehler der gesetzlichen Regelung nur eine bestimmte Gruppe von Fällen betrifft oder von allgemeiner Bedeutung ist. Ebenso muß die Frage der Lückenausfüllung durch Analogie darauf gerichtet werden, ob sich aus der Quelle eines vermeintlichen Fehlers schließen läßt (wie durch Ausdehnung des § 333 auf die Vertretung ohne Vertretungsmacht), nicht darauf, ob der Fehler für einzelne Fälle vermieden werden kann, die darauf nicht mehr Anspruch haben als alle übrigen Fälle.

§ 3. Die Frage des praktischen Bedürfnisses. 33

Vorkommen von Verfügungen hinreichend feststehen, die wirklich als solche zu fremdem Recht gemeint sind und nicht etwa nur fälschlich als solche in eigenem Namen bezeichnet werden. Denn als Belege aus der Praxis werden meist Fälle einer Vertretung ohne Vertretungsmacht verwendet, die nur von den Parteien oder auch von den Gerichten nicht genügend unter dem zutreffenden Gesichtspunkte der Stellvertretung gewürdigt worden sind.

Vor allem kann die Auslegung nach § 133 vielfach eine Stellvertretung ergeben, auch wenn der Vertreter vorgegeben und geglaubt hat, im eigenen Namen zu handeln. Die Worte „im eigenen" und „im fremden Namen" sind willkürlich gewählte Kunstausdrücke und als solche für den begrifflichen Gegensatz, den sie bezeichnen wollen, in der technischen Rechtssprache eindeutig geworden[1]. Aber sie sind dem allgemeinen Sprachsinne nach mehrdeutig, und daß man im Leben unter einem Handeln „im fremden Namen" nur die direkte Stellvertretung verstehe, wird kein Richter oder Anwalt glauben, der öfters zur Vernehmung von Parteien oder von Zeugen über solche Fragen Gelegenheit hatte[2]. Werden sie beim Vertragsschlusse wirklich angewandt, so sind sie kein untrüglicher Auslegungsschlüssel, sondern vielfach selbst sehr auslegungsbedürftig; hat z. B. jemand unter Umständen, die auf Stellvertretung deuten, erklärt, „im eigenen Namen" zu handeln, so folgt daraus noch nicht, daß er zu fremdem Recht abschließen wollte; diese Worte können ein unvollkommener Ausdruck des Willens sein, für die Genehmigungsbereitschaft des Vertretenen Gewähr zu leisten, wenn sie nicht gar eine der wahren Sachlage widersprechende sinnlose Redensart sind.

Erklären sich die Parteien im Prozeß darüber einverstanden, daß ein Vertrag „im eigenen Namen"

---

[1] Über die mangelnde Präzision der Worte „suo" und „alieno nomine" in der römischen Rechtssprache s. Mitteis, Römisches Privatrecht I 205 § 13 Anm. 3 mit Literatur.
[2] Vgl. auch Lenel, Jherings J. 36, 49.

geschlossen ist, und daß nicht etwa nur diese Worte beim Vertragsschlusse gebraucht worden sind, so ist das ein Einverständnis über die rechtliche Beurteilung, das in klaren und einfachen Fällen ein Tatsachengeständnis in sich schließt; es wird aber meist, wo die intrikate Unterscheidung von Verträgen in fremdem Namen und zu fremden Gunsten oder Lasten in Frage kommt, nur die rechtliche Beurteilung betreffen und deshalb für die Auslegung unverbindlich sein. Wenn es sich fragt, ob jemand eine Sache als Vertreter eines Dritten oder durch Vertrag zu dessen Gunsten gekauft, ob er für eine fremde Schuld im Namen des Schuldners oder gemäß § 267 etwas an Erfüllungsstatt geleistet, ob er über eine fremde Sache als Vertreter des Eigentümers oder gemäß § 185 verfügt habe, so genügt zum Ausschluß des Zweifels das Geständnis, daß er sich selbst zur Zahlung des Preises, zur Gewährleistung nach § 365 oder nach §§ 459, 523f. habe verpflichten wollen, aber schwerlich das Geständnis, im eigenen Namen gehandelt zu haben[1]. Eine Partei ist daher übel beraten, wenn sie im Interesse der Vereinfachung veranlaßt wird, dies zuzugestehen; das ist gefährlich, wenn der Richter darin ein Tatsachengeständnis findet, und es ist andernfalls zwecklos, weil es weder einer widersprechenden Auslegung noch einer Konversion in Stellvertretung gemäß § 140 entgegensteht.

II. In den der Praxis entnommenen oder auch fingierten Einzelfällen, durch die man das praktische Bedürfnis belegen will, handelt es sich teils um bloße Schuldverträge zu fremdem Recht, teils um Verfügungen, deren Struktur diesen gar nicht oder doch nicht notwendig entspricht.

1. Von zwei als Beispiele eines Verzichtes zu fremden Gunsten angeführten[2] Reichsgerichtsentscheidungen betrifft die eine keine Verfügung, die andere wenigstens keine solche zu fremden Gunsten:

---

[1] Vgl. auch die Fälle RG. 80, 395ff. und 401ff.; dazu Planck-Siber II⁴ 417 Vorbm. V 2 zu §§ 328ff.

[2] Von Enneccerus, Schuldverhältnisse § 259 Anm. 1.

§ 3. Die Frage des praktischen Bedürfnisses. 35

a) Verkauft jemand einen Teil seines Rittergutes zur Errichtung einer Brikettfabrik in dem Bewußtsein, daß deren Betrieb schädliche Zuführungen von Gas- und Kohlenstaub auf das Restgrundstück zur Folge haben werde, so kann er nach RG. 66, 126 ff. auch späteren Erwerbern der Fabrik solche Einwirkungen nicht gemäß § 906 verbieten. In der Tat schließt ein solcher Verkauf die Erklärung in sich, dem Käufer gegenüber von dem Verbotsrecht des § 906 keinen Gebrauch machen zu wollen, und diese Erklärung muß schon im Interesse des Käufers meist dahin verstanden werden, daß sie auch seinem Nachfolger im Eigentum zugute kommen soll; denn er wäre ohne das an der Ausnutzung seines Eigentums behindert, zu der auch die Möglichkeit der Weiterveräußerung des bebauten Grundstücks ohne Verlust gehört; daß der Verkäufer nur dem Käufer gegenüber von dem Recht des § 906 keinen Gebrauch machen wolle, könnte ohne ausdrückliche Beschränkung der Erklärung nur aus besonderen Umständen entnommen werden, z. B. daraus, daß der Käufer sich verpflichtet hätte, die Weiterveräußerung zu unterlassen. — Die Vereinbarung ist aber schon nach dem § 328 wirksam und wird auch vom Reichsgericht unmittelbar auf diesen gestützt. Wenn darum die Entscheidung von einem „Verzicht" auf das Verbotsrecht des § 906 spricht, der auch umgekehrt als Einräumung eines „Rechtes" zu unvermeidlichen Zuführungen von Rauch u. dergl. aufgefaßt werden könne, so wird darunter nach der Begründung nur die **Ver-einbarung eines schuldrechtlichen Duldungs-anspruches** verstanden sein, die in der Tat unmittelbar durch den § 328 gedeckt ist. Daß der Verzicht die Verbotsbefugnis des § 906 unmittelbar aufhebe oder dem Dritten ein dingliches Recht verschaffe, ist weder in der Entscheidung gesagt noch mit der Begründung zu vereinigen. — Freilich hat die Vereinbarung eine Lücke: der schuldrechtliche Duldungsanspruch kann nach § 328 auch zugunsten der Eigentumsnachfolger des Käufers, aber nicht zu Lasten derer des Verkäufers vereinbart werden. Wollte sich der Käufer auch gegen diese schützen, so mußte er sich eine Grund-

3*

dienstbarkeit gemäß § 1018 a. E. bestellen lassen, die natürlich als subjektiv dingliches Recht auch seinen Nachfolgern im Eigentum zugute käme; für eine Verfügung zu fremdem Recht besteht deshalb kein Bedürfnis.

b) Zweifelhafter ist die Beurteilung des Falles RG. 71, 184 ff.: Holt ein Gläubiger die Erlaubnis des Schuldners zur Verpfändung der Forderung ein, so wird darin eine Vereinbarung gefunden werden können, durch die der Schuldner für die Dauer des Pfandrechts auf eine Aufrechnung von Gegenansprüchen verzichtet. Man könnte auch diesen Verzicht als bloßen Schuldvertrag verstehen, durch den der Pfandgläubiger nach § 328 einen Anspruch auf Unterlassung der Aufrechnung erwirbt; dann wäre eine gleichwohl erklärte Aufrechnung nicht unwirksam, sondern nur pflichtwidrig, und der Schuldner wäre zum Schadensersatz verpflichtet. — Um Unwirksamkeit der Aufrechnung annehmen zu können, müßte man in dem Verzicht auch eine Verfügung des Schuldners über seine Gegenansprüche finden, durch die diesen in gleicher Weise die Aufrechnungsfähigkeit entzogen wird, wie durch eine Vereinbarung gemäß § 399 die Abtretungsfähigkeit[1]. Die Zulässigkeit eines solchen unmittelbar wirksamen Aufrechnungsverzichtes ergibt sich aus § 391 Abs. 2. Er enthält aber keine dem Schuldvertrag des § 328 parallele Verfügung zu Rechten des Pfandgläubigers, denn er kommt diesem auch dann zugute, wenn er gar nicht ihm zuliebe geschlossen und auf unbedingten Ausschluß der Aufrechnung gerichtet ist. Der Schuldner kann dann auch mit Zustimmung des Gläubigers (Pfandschuldners) nicht aufrechnen, weil diese Zustimmung eine nach § 1276 unwirksame Verfügung des Pfandschuldners über die Forderung enthielte.

---

[1] Für Gegenansprüche, die dem Schuldner zu der Zeit, wo er von der Verpfändung Kenntnis erhält, noch gar nicht zustehen, bedarf es nach § 1275 vbb. m. § 406 niemals eines Aufrechnungsverzichtes; vgl. Planck-Greiff III³ § 1071 1.

§ 3. Die Frage des praktischen Bedürfnisses. 37

c) Auch für einen Schulderlaß (§ 397) zu fremden Gunsten[1] dürfte kein praktisches Bedürfnis vorliegen. Er entspräche einem Schuldvertrage zu fremdem Recht wohl nur dann, wenn er zwischen dem Gläubiger und einem Dritten gegen ein von diesem zu leistendes Entgelt vereinbart wird (unten S. 40), was meist auf Leistung an Erfüllungsstatt (§§ 364, 267) herauskommen dürfte. Im übrigen besteht kein Hindernis, den Dritten als unbevollmächtigten Vertreter des Schuldners (§ 177) zu betrachten.

2. Will sich der Eigentümer von Baugrund bei der Veräußerung einer Baustelle auch den Erwerbern weiterer Parzellen zuliebe eine Grunddienstbarkeit über Baubeschränkungen ausbedingen[2], so braucht er sie nur sich selbst für die ihm noch gehörigen Restgrundstücke bestellen zu lassen; dann geht sie als subjektiv dingliches Recht auf die künftigen Erwerber über, ohne daß es eines Vertragsschlusses zu deren Gunsten bedürfte. Vor der Veräußerung kann er freilich die Baustelle nicht zugunsten seines übrigen Grundbesitzes belasten; aber wenn das ein rechtspolitischer Fehler wäre, so läge er nicht in der Unmöglichkeit dinglicher Verträge zu fremden Recht, sondern in der Unzulässigkeit der Bestellung von Eigentümergrunddienstbarkeiten.

3. Auch wenn sich endlich der Veräußerer die Grunddienstbarkeit für eine schon früher veräußerte Parzelle bestellen lassen will[3],

---

[1] Enneccerus, Schuldverhältnisse § 302 Anm. 9.
[2] Im Falle der' von Rosenberg 544, Wolff, Sachenrecht § 38 Anm. 12 zitierten Entscheidung des RG. III 434/10 vom 30. Juni 1911 (Recht 1911 Ziff. 3172, vollständiger jetzt Seuff. A. 67, 311 f.; das Berufungsurteil des OLG. Hamburg in Hans. GZ. 31 Beibl. 230 ff.) hatte der Kläger beim Ankauf einer Parzelle im Jahre 1905 Baubeschränkungen zugunsten der bisherigen und künftigen Parzellenkäufer übernommen. Das RG. hat erkannt, daß dies nach § 328 eine schuldrechtliche Verpflichtung gegenüber dem Beklagten begründe, der erst 1907 eine weitere Parzelle gekauft hatte. Die auch auf Dienstbarkeit gestützte Klagebegründung konnte nicht nachgeprüft werden, da das aberkennende Urteil insoweit rechtskräftig war.
[3] Siehe oben Anm. 2.

deren Eigentümer etwa abwesend ist, oder wenn er sich bei einer Gutsüberlassung ein Recht am Grundstück für seine Ehefrau ausbedingt[1], ist der Tatbestand dem eines Schuldvertrages zu fremdem Recht unter Umständen nicht einmal verwandt, weil ja der **Rechtsgrund der Bestellung auch im Verhältnis zwischen dem Besteller und dem Dritten liegen kann**; so wenn dieser schon vorher aus einem von ihm selbst geschlossenen Schuldvertrag anspruchsberechtigt war. Freilich kann sich dann der Veräußerer nach §§ 328 ff. die Bestellung einer Hypothek für die schon bestehende Geldforderung des Dritten oder auch die Erfüllung der schon bestehenden Forderung des Dritten auf Bestellung einer Dienstbarkeit versprechen lassen, sowohl zu eigenem Recht, so daß er selbst Bestellung an den Dritten zu fordern hätte, wie zu Rechten des Dritten, so daß dieser zu der ursprünglichen Forderung eine zweite auf Sicherung oder auf Erfüllung der ersten gerichtete dazuerwürbe; ein solcher Schuldvertrag enthielte natürlich nicht deshalb, weil es zur Bestellung des dinglichen Rechtes der Einigung mit dem Dritten selbst bedürfte, das „Versprechen einer unmöglichen Leistung"[2], er wäre nur ziemlich unwahrscheinlich und käme wohl praktisch so gut wie immer auf reine Stellvertretung heraus[3]. Will aber der Veräußerer ohne vorausgehenden Schuldvertrag zu fremdem Recht die Bestellung für den Dritten annehmen, so wird er den Umständen nach überhaupt nur als dessen Stellvertreter gedacht werden können[4]. Er braucht dann den Besteller nur über den Mangel seiner Vertretungsmacht aufzuklären, um ihn gemäß § 178 zu binden; auch hat das Grundbuchamt auf den Antrag des Bestellers (GBO. § 13 Abs. 2), der in einer dem § 29 GBO. genügenden Einigung von selbst enthalten ist[5], die Eintragung anzuordnen, nicht weil es „unverständlich" wäre, wenn die Einigung nicht ebensogut zugunsten

---

[1] Rosenberg 543f.
[2] So Rosenberg 546.
[3] Oben S. 14f.
[4] Oben S. 22f.
[5] Vgl. RG. 54, 384f.; Predari, Grundbuchordnung ² 412f. § 20 3

eines Dritten wirken könnte, wie ein Schuldvertrag[1], sondern einfach deshalb, weil sich das Grundbuchamt nach GBO. § 19 gar nicht um die Einigung zu bekümmern hat. Das dingliche Recht entsteht dann zwar erst mit der Genehmigung des Dritten gemäß § 177, aber es hat nach § 879 Abs. 2 seinen Rang schon von der Eintragung ab. — Sollte diese Regelung dem praktischen Bedürfnis nicht vollständig genügen, so könnte das nicht auf der Unzulässigkeit einer Einigung zu fremdem Recht beruhen, die hier auch im Fall ihrer Zulässigkeit der Sachlage nicht entspräche. Übrigens bleibt, wenn der Dritte genehmigt, nur der Unterschied, daß der Rechtserwerb bis dahin aufgeschoben ist und nicht vorbehältlich der Ausschlagung sofort eintritt; der ist wegen seiner Bedeutungslosigkeit für den Rang meist gar nicht fühlbar und, wenn doch einmal, nur vermeidlich, wenn man eine entsprechende Ausdehnung des § 333 auf die Stellvertretung zulassen will[2]. Hält man es weiter für verfehlt, daß die Einigung bei Nichtgenehmigung des Dritten nicht wenigstens zugunsten des Eigentümers wirkt[3], so läge die Fehlerquelle doch wiederum nicht in der Unzulässigkeit einer Einigung zu fremdem Recht, sondern in den viel weiter tragenden Grundsätzen, daß die meisten begrenzten Rechte überhaupt nicht am eigenen Grundstück bestellt werden können, und daß zur Hypothekbestellung auch insoweit, wie anstatt des Erwerbes für den eingetragenen Gläubiger nur die Entstehung einer Eigentümergrundschuld in Frage kommt, eine wirksame Einigung mit jenem erforderlich und ein Einigungsantrag des Eigentümers nicht genügend ist.

4. **Nimmt der Mann eine zum eingebrachten Gut der Frau geschuldete Verfügung, z. B. eine Auflassung an**, so verfügt er damit zugleich über die eingebrachte

---

[1] So Rosenberg 544.
[2] Oben S. 32, vgl. S. 6 f.
[3] Vgl. Böhler, BadRpr. 08, 211 f., aber zu dem von ihm besprochenen Fall, in dem wirklich eine Einigung zu fremdem Recht in Frage kommt, auch unten S. 50 f.

Forderung. Die in einer annahmebedürftigen[1] Erfüllung enthaltenen beiderseitigen, meist von dem Schuldner und dem Gläubiger getroffenen Verfügungen über den Leistungsgegenstand und über die Forderung sind aber nicht nur durch den Rechtsgrund miteinander verknüpft, wie bei einem Forderungserlaß gegen Leistung eines Entgeltes. Vielmehr hat zwar die **Verfügung über den Leistungsgegenstand** die bezweckte Schuldtilgung nur zum Rechtsgrunde und nicht zur Wirksamkeitsvoraussetzung, aber die **Verfügung über die Forderung** ist nur wirksam, wenn der Erwerb des Leistungsgegenstandes eintritt; denn **jene ist eine reine, diese aber eine Äquivalentverfügung** und als solche nicht, wie der entgeltliche Forderungserlaß, aus zwei Elementen — Annahme des Leistungsgegenstandes und Verfügung über die Forderung — zusammengesetzt, die auch je für sich allein wirksam sein könnten, sondern sie ist als Erfüllungsannahme eine inhaltlich untrennbare einheitliche Erklärung, die nur ihrer Wirkung nach zwei Seiten hat und als Erwerbsvorgang Annahme einer Verfügung, als Forderungstilgungsgrund selbst eine Verfügung ist[2]. Sie duldet deshalb zwar ein Auseinanderfallen ihrer zwei Seiten auf verschiedene Personen, aber sie kann nicht — wie zwei nur durch den Rechtsgrund miteinander verknüpfte, begrifflich selbständige abstrakte Rechtsgeschäfte — nach der einen Seite im eigenen, nach der anderen im fremden Namen erklärt werden[3]. Ein Nichtgläubiger kann über die Forderung im eigenen Namen zu Lasten des Gläubigers verfügen, indem er sich gemäß § 362 Abs. 2 leisten läßt, und ein Nichtschuldner kann die Verfügung des Gläubigers im eigenen Namen zugunsten des Schuldners annehmen, indem er gemäß § 267 leistet; aber wer die Leistung im eigenen Namen annimmt oder bewirkt, kann nicht zugleich die

---

[1] Das ist nicht jede Erfüllung; s. Planck-Siber II⁴ 474 § 362 2c mit Literatur.
[2] Vgl. oben S. 11; Strohal, Jherings J. 57, 244.
[3] So auch Rosenberg 545.

§ 3. Die Frage des praktischen Bedürfnisses. 41

Verfügung über die Forderung im fremden Namen treffen oder annehmen.

Auch eine sachenrechtliche Äquivalentverfügung zu fremden Lasten oder zu fremdem Recht wäre begrifflich denkbar, aber sie ist dem Gesetz nicht bekannt: verfügt ein Nichteigentümer gemäß § 185 über eine fremde Sache, um seine eigene Schuld zu erfüllen, so trifft er eine Verfügung zu fremden Lasten; aber sie ist keine Äquivalentverfügung, weil ihre Wirksamkeit vom Zutreffen des Erfüllungszweckes unabhängig ist. Könnte der Schuldner dem Gläubiger mit Erfüllungswirkung in der Weise leisten, daß ein Dritter (dem etwa der Gläubiger schenken will) Eigentümer würde, so wäre das zunächst nur eine Verfügung zu fremdem Recht und nur dann eine Äquivalentverfügung, wenn außerdem dieser Eigentumserwerb von der Schuldtilgung abhängig wäre.

In dem obigen Falle aber handelt es sich weder um eine sachenrechtliche Äquivalentverfügnng, noch auch nur um eine Verfügung zu fremdem Recht[1]. Denn es sollen ja nicht nur sämtliche Wirkungen im eingebrachten Gut eintreten, sondern es liegt auch der Rechtsgrund zwischen diesem und dem Schuldner.

a) Betrachtet man darum die Wirkungen im eingebrachten Gut als solche in der Person der Frau, so liegt ein einfacher Stellvertretungsfall vor, und es bedarf zur Wirksamkeit für und gegen das eingebrachte Gut einer Vollmacht (§§ 164, 166 Abs. 2) oder einer nachträglichen Genehmigung der Frau (§ 177).

Doch wäre vielleicht auch eine andere Auffassung möglich: Man könnte ein Handeln des Mannes im eigenen Namen auch in einem Falle, wo die Wirkungen sämtlich das eingebrachte Gut zu treffen haben, daraus erklären wollen, daß man dem Manne vermöge seines Verwaltungsrechtes eine treuhänder-

---

[1] Gegen Rosenberg a. a. O.

ähnliche Parteistellung beilegt[1]; danach müßten die im eingebrachten Gut eintretenden Wirkungen als solche gelten, die in der Person des Mannes eintreten, und es wäre im obigen Fall ein Handeln im Namen der Frau gar nicht möglich.

Nach der einen, wie nach der anderen Auffassung aber könnten solche Rechtsgeschäfte nicht bald im Namen des Mannes, bald in dem der Frau vorgenommen werden, denn die beiden Auffassungen schließen einander aus. Wenn die Geschäftswirkungen im ganzen und der Rechtsgrund das eingebrachte Gut betreffen sollen, so könnte nach der ersten der Mann nur im Namen der Frau und nach der zweiten die Frau nur im Namen des Mannes handeln, aber es kann nicht beides zur Wahl stehen. Verfügungen des Mannes über eingebrachtes Gut (§ 1375) können, wenn man die Treuhänderstellung verneint, nur dann in seinem Namen geschehen, wenn die Wirkungen im ganzen oder der Rechtsgrund sein eigenes Vermögen betreffen sollen, und solche der Frau im eigenen Namen sind vom entgegengesetzten Standpunkt aus nur denkbar, wenn jene ihr Vorbehaltsgut betreffen sollen.

b) Der Gegensatz der beiden Auffassungen ist für die Frage, wann der Mann zu Rechtsgeschäften über eingebrachtes Gut einer Zustimmung der Frau bedarf, von praktischer Bedeutung. Denn wenn man die Befugnis zur Aufrechnung nach § 1376 Ziff. 2 und zur Kündigung nach § 1358[2] nicht aus einer vereinzelten gesetzlichen Vertretungsmacht zu erklären hat[3], so bedarf der Mann zu allen Rechtsgeschäften im Namen der Frau ihrer Zustimmung — diese heißt nur bei vorheriger Erteilung

---

[1] Siehe oben S. 9.
[2] Die Gegenforderung der Frau aus Dienstvertrag ist nach gesetzlichem Güterrecht Vorbehaltsgut (§ 1367), bei allgemeiner Gütergemeinschaft Gesamtgut, aber bei Errungenschafts- und Fahrnisgemeinschaft möglicherweise eingebrachtes Gut.
[3] Vgl. oben S. 9.

§ 3. Die Frage des praktischen Bedürfnisses. 43

"Vollmacht"[1] —, dagegen nicht zu allen das eingebrachte Gut betreffenden Rechtsgeschäften in seinem eigenen Namen. Von solchen sind vielmehr nach § 1375

α) alle Verfügungen über eingebrachtes Gut — von §§ 1376 Ziff. 2 und 1358 abgesehen — zustimmungsbedürftig, dagegen

β) nicht die Verfügungsannahme, wenn sie nicht zugleich Äquivalentverfügung über Eingebrachtes ist. Sieht man deshalb in dem Erwerb zum eingebrachten Gut einen Erwerb des Mannes zu eigenem Recht, so bedarf zwar die Annahme der Erfüllung einer eingebrachen Forderung zu Rechten des eingebrachten Gutes gleichwohl der Zustimmung. Dagegen könnte der Mann ohne diese in den Grenzen der Verwaltungshandlungen des § 1374 Verfügungen zu Rechten des eingebrachten Gutes annehmen, die nur sein eigenes Vermögen belasten; er könnte z. B. die Erfüllung einer eigenen Forderung, die er als indirekter Vertreter der Frau erworben hatte, sowie ein für das eingebrachte Gut erforderliches Darlehn, das nur ihn selbst verpflichten soll, in der Weise annehmen, daß das Geleistete eingebrachtes Gut würde. — Auch nach der entgegengesetzten Auffassung ist freilich die Verfügungsannahme des Mannes im eigenen Namen nicht zustimmungsbedürftig, aber sie wäre bei Unzulässigkeit einer Annahme zu fremdem Recht nur in der Weise möglich, daß der Leistungsgegenstand Vermögen des Mannes wird; zu Rechten des eingebrachten Gutes könnte der Mann nur im Namen der Frau, also nur mit ihrer Vollmacht oder nachträglichen Genehmigung annehmen.

γ) Bezieht man endlich das Zustimmungserfordernis des § 1375 auch auf Geschäfte, die die Frau verpflichten sollen, so hat die Frage nicht zu lauten, ob der Mann zu solchen "nur" ihrer Zustimmung oder einer Vollmacht bedürfe[2],

---

[1] Vgl. auch Enneccerus, Allgemeiner Teil § 191 I 1 b.
[2] So u. a. Planck-Unzner § 1375 2; Opet § 1375 2a, b; Staubinger-Engelmann⁷ § 1375 2 b; Schmidt § 1375 2c: einer "besonderen

sondern ob er sie nur durch Verträge in ihrem oder auch durch solche in seinem eigenen Namen verpflichten könne. Ihrer Vollmacht oder nachträglichen Genehmigung bedarf er zu Verträgen in ihrem Namen, die nach allgemeinen Grundsätzen gewiß zulässig sind, schon nach den §§ 164, 167, 177; für Verträge in seinem Namen ergäbe sich das Zustimmungserfordernis aus § 1375, und daraus wäre zu entnehmen, daß der Mann die Frau mit ihrer Zustimmung durch Schuldverträge zu ihren Lasten verpflichten könnte[1].

c) In den Fällen des § 1379 kann das Vormundschaftsgericht auf Antrag des Mannes die zu Rechtsgeschäften erforderliche Zustimmung der Frau ersetzen. Man kann das sprachlich auch auf die Zustimmung zu Rechtsgeschäften im Namen der Frau beziehen[2], die mit der vorherigen oder nachträglichen Vollmacht identisch wäre; denn da nach § 177 die (nicht im Gesetz) sogenannte nachträgliche Vollmacht eine „Genehmigung" ist, so ist auch die vorherige Vollmacht eine „Einwilligung" und folglich jede Vollmacht eine „Zustimmung". Will man aber den § 1379 als Zurückverweisung auf den § 1375 und darum mittelst einschränkender Auslegung nur von der Zustimmung zu Rechtsgeschäften im Namen des Mannes verstehen, so kommen außer Verfügungen vielleicht auch Verpflichtungsgeschäfte, nicht aber die Annahme reiner Verfügungen in Betracht. Die erstere Auslegung dürfte nicht nur mit dem Sprachgebrauch des Gesetzes im Einklange, sondern auch aus praktischen Gründen vorzuziehen sein; es entspricht der Zweckmäßigkeit, dem Manne je nach den Umständen zwischen einem Handeln im eigenen oder im Namen der Frau die Wahl zu lassen, und die Frau ist

---

Vollmacht". Dagegen Hellwig, Anspruch und Klagerecht 300; v. Tuhr, Allgemeiner Teil I 66 § 2 Anm. 6.

[1] Vgl. oben S. 10f.; Planck-Siber II⁴ 417 Vorbm. V 2 zu §§ 328 ff.

[2] So auch u. a. Planck-Unzner ³ § 1375 2; Schmidt § 1375 2cβ; Opet § 1375 2b; Staudinger-Engelmann IV § 1357 2b, § 1379 2a und im Ergebnis Wolff, Familienrecht § 49 Anm. 3; a. M. Hellwig a. a. O.

§ 3. Die Frage des praktischen Bedürfnisses. 45

dadurch nicht gefährdet, weil das Vormundschaftsgericht ihre Vollmacht nicht zu ersetzen hat, wenn es nur ein Handeln des Mannes im eigenen Namen für angebracht hält. Die Zweckmäßigkeit zeigt sich besonders, wenn man den § 1375 auch auf Verpflichtungsgeschäfte bezieht, denn es wäre kaum anzunehmen, daß § 1379 eine Zustimmungsergänzung nur für die ungewöhnlichen und wenig geklärten Schuldverträge zu fremden Lasten zulassen wollte.

Demnach ist die Annahme der Erfüllung einer eingebrachten Forderung als Verfügung über die letztere zwar auf jeden Fall zustimmungsbedürftig; aber die Zustimmung kann nicht nur ersetzt werden, wenn man die Verfügung vermöge der treuhändermäßigen Stellung des Mannes als solche im eigenen Namen, sondern auch wenn man den Mann als Stellvertreter der Frau anzusehen hätte. Lehnt man eine vormundschaftsgerichtliche Ergänzung der Vollmacht ab, so müßte es nach der letzteren Auffassung dabei bewenden, daß der Mann im Fall einer grundlosen Vollmachtsverweigerung der Frau (§ 1379 Abs. 1) die Erfüllung überhaupt nicht wirksam annehmen könnte, und daß die Erfüllung bei Verhinderung der Frau durch Abwesenheit oder Krankheit (§ 1379 Abs. 2) erst mit der Genehmigung gemäß § 177 wirksam würde. Ersteres würde nicht besser, wenn man dem Mann entsprechend den §§ 328 ff. die Erfüllungsannahme zu fremdem Recht vorbehältlich einer Ausschlagung der Frau gestatten wollte — denn die Frau kann auch im Fall eines vom Manne zu ihren Gunsten geschlossenen Schuldvertrages an der Ausschlagung gemäß § 333 nicht durch eine Verfügung des Vormundschaftsgerichtes verhindert werden[1] —, letzteres wäre für die Frau kein maßgeblicher[2] und für den Schuldner gar kein Vorteil; denn er bliebe über seine Befreiung bis zur Erklärung der Frau im ungewissen, einerlei ob diese gemäß § 177 zu genehmigen hätte oder entsprechend § 333 ausschlagen könnte.

---

[1] Rosenberg läßt denn auch den Abs. 1 des § 1379 ganz beiseite.
[2] Oben S. 31 f.

5. Eine **Blankozession** kann man gemäß § 177 im Namen eines erst zu bestimmenden Dritten annehmen[1]). Zur Annahme der **Hypothek- oder Pfandbestellung für unbekannte oder ungewisse Beteiligte**, auch für künftige Forderungen (§§ 1113 Abs. 2, 1204 Abs. 2)[2] eines noch nicht geborenen Dritten, kann nach § 1913 ein Pfleger bestellt werden. Soll den sämtlichen Inhabern einer Serie von Inhaberschuldverschreibungen eine Hypothek bestellt werden, so genügt nach § 1188 die einseitige Erklärung des Eigentümers. Anders aber bei der Bestellung einer Mobiliarsicherheit, zu der es der Einigung und der Besitzübergabe bedarf. Die letztere kann freilich dadurch ersetzt werden, daß die Pfandstücke einem Pfandhalter als Besitzmittler für die Inhaber übergeben werden[3], und die Einigung kann mit dem Emissionshause geschlossen werden, wenn diesem zunächst die ganze Serie fiduziarisch übereignet wird. Auch könnte durch Vordruck auf der Schuldverschreibung bewirkt werden, daß bei jeder Begebung eine Einigung mit dem einzelnen Inhaber zustande käme. Aber damit ließe sich eine gleichmäßige Sicherung aller Inhaber nicht erreichen, weil sich der Rang jedes einzelnen Pfandrechtes nach der Zeit seiner Entstehung, also der Begebung des Papieres bestimmen müßte. Es scheint darum, obwohl die Mobiliarsicherheit hier keine erhebliche Bedeutung haben wird, ein praktischer Gewinn zu sein, wenn der Pfandhalter die Einigung zugunsten der Inhaber wirksam abschließen könnte[4]. Indessen wird auch diesem Bedürfnis nach den Grundsätzen der Stellvertretung gerecht zu

---

[1] Vgl. Planck-Flad § 164 1b; a. M. Dernburg, Schuldverhältnisse § 136 A. 9; Enneccerus, Schuldverhältnisse § 302 A. 9.

[2] Vgl. RG. 65, 283f.; JW. 1911, 362 Ziff. 10.

[3] Vgl. Bruns 127; oben S. 23.

[4] So Bruns 127 für Bestellung zugunsten des jeweiligen Inhabers eines indossablen Papieres, bei der sich zwar häufiger eine Mobiliarsicherheit findet, aber Einigung mit dem gegenwärtigen Inhaber genügt und Pfandbestellung zugunsten des unbekannten gegenwärtigen Inhabers kaum praktisch sein wird; sollte sie vorkommen, so genügt wohl Bestellung an einen nicht ermächtigten Vertreter.

§ 3. Die Frage des praktischen Bedürfnisses. 47

werden sein. Es dürfte weder den Worten noch dem Zweck des § 1913 entgegenstehen, wenn man als unbekannte oder ungewisse Beteiligte, denen ein Pfleger bestellt werden kann, auch die sämtlichen gegenwärtigen und künftigen Inhaber der ganzen Serie ansieht.

III. In den obigen Fällen (S. 35—46) können die unter 1 c und 3, allenfalls auch einmal die unter 4 und 5 besprochenen Verfügungen dadurch eine den Schuldverträgen zu fremdem Recht entsprechende Struktur erhalten, daß ihr Rechtsgrund zwischen dem Verfügenden und dem Annehmenden liegt; wo er zwischen dem ersteren und dem Dritten liegt, geht der Tatbestand notwendig in einer Stellvertretung auf.

1. Hiernach könnte man an entsprechende Anwendung der §§ 328 ff. denken,

a) wenn bei einem Schuldvertrage zu fremdem Recht der Vertragsgegner für den Dritten die Schulderfüllung annimmt. Die letztere hat ihren Rechtsgrund zugleich in der Person des Gegners (Deckungsverhältnis), wenn dieser neben dem Dritten (§ 335) anspruchsberechtigt ist[1]. Sie kann aber auch bei ausschließlicher Berechtigung des Dritten neben der Schuldtilgung noch eine Wirkung in der Person des Gegners haben, wenn das Verhältnis zwischen diesem und dem Dritten (Valuta) noch nicht abgeschlossen ist; so wenn ein Schuldner seinem Gläubiger durch Vertrag zu dessen Gunsten erfüllungshalber einen Anspruch verschafft hat[2]. In solchen Fällen wäre daher eine Annahme im eigenen Namen zu Rechten des Dritten wenigstens begrifflich von einer Stellvertretung zu unterscheiden. Ist dagegen der Dritte ausschließlich berechtigt und das Valutaverhältnis schon abgeschlossen, so kann die Leistung gar keine Wirkung in der Person des Gegners mehr haben, und dieser kann sie nur als Stellvertreter annehmen.

Aber auch in den vorigen Fällen wird ihm eine Erfüllungs=

---

[1] Planck-Siber II⁴ 412 Vorbm. II 2 d zu §§ 328 ff.
[2] Daselbst 413 f. Vorbm. III 3 b β.

annahme im eigenen Namen zu Rechten des Schuldners **nicht zu gestatten** sein. Wenn es als „unverständlich" bezeichnet worden ist[1], daß die Vertragschließenden dem Dritten den Leistungsgegenstand nicht ebensogut ohne sein Zutun sollten verschaffen können, wie die Forderung, so ist zu erwidern, daß dies auf einem positivrechtlichen Unterschiede zwischen Stellvertretung und Vertragsschluß zu fremdem Recht beruht[2], daß aber bei der Erfüllungsannahme zu Rechten eines Gläubigers die meist schon begrifflich unmögliche Unterscheidung zwischen Stellvertretung und Handeln im eigenen Namen für die Willensauslegung nahezu undurchführbar und zudem nicht nötig ist, um dem Bedürfnis gerecht zu werden. Wenn der Gegner alsbald nach dem Abschlusse des Schuldvertrages auch die Erfüllung für den Dritten annimmt, so muß dieser, um die Forderung wie den Leistungsgegenstand endgültig zu erwerben, beides nachträglich gutheißen, und es wird den heute so gern als juristischen Sachverständigen angerufenen Laien wenig interessieren, daß der Dritte hierdurch den Forderungserwerb nur endgültig macht, den Erwerb des Leistungsgegenstandes aber überhaupt erst zum Abschluß bringt.

b) Die Parteien könnten auch einmal auf einen **dem Schuldvertrag zu fremdem Recht genau nachgebildeten Vertrag** verfallen, bei dem der Anspruch des Dritten von vornherein durch den sofortigen Erwerb des Leistungsgegenstandes ersetzt wäre; etwa auf einen Handkauf, durch den der Käufer sich dem Verkäufer zur Zahlung des Preises verpflichtet, aber die Kaufsache sofort zu Rechten des Dritten annimmt, ohne diesem erst einen Anspruch darauf zu verschaffen. — Das praktische Bedürfnis wäre hier nicht größer, als bei einer Erfüllungsannahme zu fremdem Recht, weil der Käufer die Sache stets als nicht bevollmächtigter Vertreter des Dritten annehmen könnte. Die Analogie wird deshalb auch hier abzulehnen sein,

---

[1] Von Rosenberg 544.
[2] Oben S. 31 f.

§ 3. Die Frage des praktischen Bedürfnisses. 49

jedoch vorbehältlich einer Abweichung bei dinglichen Rechten auf Leistung aus einem Grundstück[1].

2. **Dagegen dürfte die entsprechende Anwendung der §§ 328 ff. gerechtfertigt sein.**

a) wenn sich der Gegner bei einem Schuldvertrage zu fremdem Rechte dingliche Sicherungsrechte für den Anspruch des Dritten bestellen läßt. Zu einer Sicherung durch Vormerkung genügt freilich Eintragung auf Grund einseitiger Bewilligung[2] und zu einer solchen durch Hinterlegung des Leistungsgegenstandes ein mit der Hinterlegungsstelle oder auch mit einem privaten Verwahrer zugunsten des Dritten geschlossener Schuldvertrag. Aber die Bestellung von Hypotheken, Fahrnispfandrechten[3] und Reallasten zu Rechten des Dritten wird gleichfalls zu gestatten sein: die Vertragswirkungen sollen hier, ebenso wie bei einfachen Schuldverträgen zu fremdem Recht, auf den Gegner und den Dritten auseinanderfallen, weil das Hilfsgeschäft der Sicherung nicht isoliert, sondern als Bestandteil des gesamten ursprünglichen oder nachträglich erweiterten Vertrages zugunsten des Dritten zu betrachten sein wird. Auch wird stets ein praktisches Bedürfnis bestehen können, das Forderungsrecht des Dritten schon vor seiner Annahme mit einer Sicherung auszustatten, während ein solches für seine vorherige Erfüllung nicht anzuerkennen ist[4].

Ein Nachteil der Bestellung an einen nicht ermächtigten

---

[1] S. unten S. 52f.

[2] Oben S. 27f.

[3] Enneccerus, Schuldverhältnisse § 259 Anm. 1 und Wolff, Sachenrecht § 38 II 3 wollen das — aber anscheinend nicht nur zur Sicherung einer Forderung aus Schuldverträgen zu fremdem Recht — nur für Grundstückspfandrechte und Reallasten gestatten; zur Ausnahme von Fahrnispfandrechten dürfte jedoch hier kein Anlaß gegeben sein, wenn man den Grund der Zulassung nicht in der Natur der Grundstückspfandrechte als Rechte auf „Leistung aus dem Grundstück" findet, sondern darin, daß solche Sicherungsgeschäfte bloße Akzessorien eines Schuldvertrages zu fremdem Recht sein können. Dagegen kommen in den Fällen unten b allerdings nur Grundstückspfandrechte in Betracht.

[4] Oben S. 47f.

Vertreter wäre es namentlich, wenn ein Fahrnispfandrecht hinter Rechten an der Pfandsache zurückstehen müßte, die zwischen der Bestellung und der Genehmigung gemäß § 177 erworben werden[1]. Könnte daher bei einem Schuldvertrage zu fremdem Recht ein Pfandrecht für den Dritten nur in dessen Namen ausbedungen werden, so ließe sich eine volle Sicherheit gegen Belastungen in der Zwischenzeit nur dadurch erzielen, daß der Vertragsgegner das Pfandrecht sich selbst für seinen Anspruch auf Leistung an den Dritten (§ 335) bestellen läßt, um später diesen Anspruch nebst Pfandrecht dem Dritten abzutreten. Ist dagegen eine Pfandbestellung zugunsten des Dritten wirksam und nur ausschlagungsfähig, so ist der Rang schon von der Bestellung an gesichert.

Bei Hypotheken bestände hierin kein Unterschied zwischen Stellvertretung und Bestellung zu fremdem Recht, weil sich der Rang nach § 879 Abs. 2 auch bei nachträglicher Genehmigung gemäß § 177 schon nach der vorausgegangenen Eintragung richtet. Dagegen bietet die Bestellung zu fremdem Recht wohl einen praktischen Vorteil für den Fall, daß der Dritte ausschlägt. Bedingt sich ein Grundstücksverkäufer Bestellung einer Kaufpreishypothek für eine Sparkasse aus[2], so liegt ein Verkauf zu Rechten der Sparkasse zugrunde, durch den dieser gemäß § 328 ein Teil des Kaufpreisanspruchs zugewendet wird. Könnte der Verkäufer die Hypothekbestellung für diesen Anspruch der Sparkasse nur als deren Vertreter annehmen, so wäre die Einigung unwirksam geblieben, wenn jene den Anspruch gemäß § 333 ausschlägt und damit die Genehmigung zu der Einigung gemäß § 177 ablehnt. Der ihr zugewandte Teil des Kaufpreisanspruchs wird damit zwar dem Verkäufer zufallen, aber ohne hypothekarische Sicherung; denn wenn man auch die Erklärung des Verkäufers dahin auslegen könnte, daß er nur in erster Linie im Namen der Sparkasse, aber eventuell für den Fall der Ausschlagung im eigenen Namen an-

---

[1] Vgl. Oertmann I § 184 3c d; Planck-Flad⁴ I § 184 1 b.
[2] Böhler, Bad Rpr. 08, 211 f.; Bruns 127 Anm. 3; Rosenberg 545.

§ 3. Die Frage des praktischen Bedürfnisses. 51

genommen habe, so hätte er doch die Hypothek nicht erworben, die nicht unter seinem, sondern unter dem Namen eines Nicht= gläubigers eingetragen ist. Es wäre auch keine Eigentümergrund= schuld entstanden, weil das Hindernis nicht auf dem Mangel einer persönlichen Forderung des eingetragenen Gläubigers (§ 1163 Abs. 1) beruht, sondern auf dem Fehlen einer Einigung mit diesem[1]. Könnte dagegen der Verkäufer die Hypothekbestellung im eigenen Namen zu Rechten der Sparkasse annehmen, so müßte die Hypothek ohne weiteres das rechtliche Schicksal der Forderung teilen. Die Sparkasse könnte einmal — was sie freilich ohnehin nicht tun wird — nicht die Forderung annehmen und die Hypothek ausschlagen, sondern sie müßte mit der Annahme der Forderung auch die Hypothek endgültig erwerben. Schlägt sie die Forderung aus, so wird diese niemals erlöschen, weil die Auslegung gemäß §§ 133, 157 ergibt, daß der Verkäufer für diesen Fall selbst be= rechtigt ist[2]; die Forderung fällt daher mitsamt der Hypothek dem Verkäufer zu. Wenn aber die Umstände doch einmal er= geben, daß die dem Dritten zugewandte Forderung mit der Aus= schlagung erlöschen soll, so folgt daraus doch weder die Un= wirksamkeit des Schuldvertrages, noch die der Einigung, sondern es läge ein Fall des § 1163 Abs. 1 Satz 1 vor, in dem die Hypothek wegen Mangels einer persönlichen Forderung Eigen= tümergrundschuld ist[3]. Die bei Ausschlagung des Dritten erforder= liche Grundbuchberichtigung könnte daher nicht, wie bei Nicht=

---

[1] Zutreffend Böhler a. a. O.
[2] Planck=Siber II⁴ 433 § 335 Erl. 2 a γ; vgl. Bruns a. a. O.
[3] Vgl. Bruns a. a. O.; Rosenberg 545 f. Die Einigung zu fremdem Recht bleibt aber abzulehnen, 1. wenn die Hypothek entweder gar nicht für eine Forderung aus Schuldvertrag zu fremdem Recht, oder wenn sie zwar für eine solche, aber durch Einigung mit einem andern als dem Ver= sprechensempfänger bestellt werden soll, — das sind einfach Fälle der Ver= tretung ohne Vollmacht (oben S. 38) —, sowie 2. wenn dem Dritten durch Schuldvertrag zu fremdem Recht nicht ein Geldanspruch, sondern nur eine Forderung auf Hypothekbestellung für einen schon aus anderem Grunde be= stehenden Geldanspruch zugewandt wird, — hier ist die Einigung über die Hypothekbestellung einfach Erfüllungsannahme im Namen des Dritten (oben S. 47 f., vgl. S. 38 f.).

4*

genehmigung des Vertretenen nach § 177, zur Löschung der Hypothek führen, sondern nur zu ihrer Umschreibung auf den Vertragsgegner oder den Eigentümer.

b) Endlich wird dem Dritten durch eine dem Typus des Schuldvertrages zu fremdem Recht nachgebildete Vereinbarung anstatt einer dinglich zu sichernden persönlichen Forderung auch von vornherein ein dingliches Recht bestellt werden können, das die Funktion eines Anspruchs auf Leistung hat. Ist es bei einem Grundstücksverkauf möglich, einem Dritten die Kaufpreisforderung und eine zu ihrer Sicherung dienende Hypothek zu verschaffen, so wird es auch nicht unzulässig sein, die persönliche Forderung nebst der Hypothek von vorherein durch eine Grundschuld zu ersetzen, die in sich die Funktionen eines Geldanspruchs mit bloßer Sachhaftung und einer ihn dinglich sichernden Hypothek vereinigt. Reallasten ohne persönliche Forderung könnten ebenso behandelt werden[1]. Das Gleiche wird auch zulässig sein, wenn im Rahmen eines Grundstückskaufes einem Dritten ein dingliches Vorkaufsrecht bestellt werden soll[2]. Wenn man das persönliche Vorkaufsrecht nicht als Anspruch, sondern als Gestaltungsrecht betrachtet, so wird doch seine Vereinbarung zu Rechten eines Dritten mindestens entsprechend den §§ 328 ff. zu gestatten sein; geschieht das bei einem Grundstückverkauf, so treten von den beim Regeltypus den Verkäufer treffenden Wirkungen die Pflicht zur Leistung des Grundstücks und der Kaufpreisanspruch in der Person des Verkäufers, das Vorkaufsrecht in der des Dritten ein; es besteht auch kein Hindernis, den künftigen Anspruch des Vorkäufers auf Grundstücksübereignung ohne seine Zustimmung vormerken zu lassen[3]. Es wird aber den Vertragschließenden folgerichtig auch gestattet werden müssen, die zugunsten des Dritten vereinbarte

---

[1] S. auch Enneccerus und Wolff a. a. O. (S. 1 Anm. 1).
[2] Vgl. Wolff a. a. O. (S. 1 Anm. 1).
[3] Oben S. 27f.

§ 3. Die Frage des praktischen Bedürfnisses.

Einräumung des persönlichen Vorkaufsrechts und die ihm durch einseitige Bewilligung zu verschaffende Sicherung mittelst Vormerkung von vornherein durch Bestellung eines **dinglichen** Vorkaufsrechtes zu ersetzen, das nach § 1089 die Funktionen beider in sich vereinigt[1].

---

[1] Auf Grund der Schrift von Kluckhohn, Die Verfügungen zugunsten Dritter (1914), die mir erst im Mai 1914 bei der Revision zuging, gelange ich nicht zu Abweichungen von der hier vertretenen Ansicht. — Der heimgegangene Strohal hat die ihm vorgelegte Bemerkung S. 3 Anm. 1 genehmigt. Er wollte sich gelegentlich selbst über seine veränderte Ansicht literarisch äußern und hat mich auch zu der Mitteilung ermächtigt, daß seiner Meinung nach dem praktischen Bedürfnis durch die Zulässigkeit der Vertretung ohne Vollmacht genügt sei.

Printed by Libri Plureos GmbH
in Hamburg, Germany